현대·기아자동차그룹 입사·승진 대비

시원스쿨
SPA

송지원
시원스쿨어학연구소

실전 모의고사

현대그룹사
SPA 강사 출신
저자 집필

시원스쿨 **LAB**

시원스쿨
SPA 실전모의고사

초판 1쇄 발행 2021년 6월 8일
초판 5쇄 발행 2024년 7월 2일

지은이 송지원, 시원스쿨어학연구소
펴낸곳 (주)에스제이더블유인터내셔널
펴낸이 양홍걸 이시원

홈페이지 www.siwonschool.com
주소 서울시 영등포구 영신로 166 시원스쿨
교재 구입 문의 02)2014-8151
고객센터 02)6409-0878

ISBN 979-11-6150-480-3
Number 1-110303-02020400-02

Preface

안녕하세요, 영어 스피킹 전문 트레이너 송지원입니다.

이번에는 SPA 실전 모의고사로 여러분들을 만나 뵙게 되었습니다.
여러분들과 또 다시 함께 할 수 있는 기회를 가지게 되어 정말 기쁩니다.

SPA 시험을 앞두신 모든 분들은 아시다시피, SPA란 시험은 타 영어 말하기 시험과는 달리 모두에게 공개 되어있는 시험이 아닙니다. 하여, SPA 시험을 앞두신 모든 학습자 분들께서는 그야말로 제대로된 SPA 전문가를 찾으셔야 합니다.

1. 반드시 실제 SPA 시험 경험이 있어야 합니다.
2. SPA 실제 시험 문제를 통한 다년간의 분석자료가 필요합니다.
3. 어떻게 해야 SPA 시험에서 고득점을 받을 수 있는지 전략이 있어야 합니다.
4. SPA를 준비하고 계시는 학습자 분들의 취약점을 알고 있어야 합니다.

이 모든 것을 갖춘 전문가, 바로 저, 송지원입니다.

이번 도서에서 여러분은 실제 SPA 시험과 가장 유사한 모의고사 구성으로 시험 준비를 하실 수 있으며, 실제 SPA 시험에서 가장 많이 나오는 빈출 유형 및 주제를 준비함과 동시에, 기본적인 회화 실력까지 향상됨을 느끼실 수 있을 것입니다. 저를 믿으십시오. 더이상 SPA 시험이 여러분의 발목을 잡는 것이 아닌, 여러분의 인생에 큰 도움이 되는 역할을 하도록 만들어 드릴 것을 약속합니다.

여러분들께 더 나은 양질의 도서와 강의를 제공해 드리기 위해, 저를 여러모로 도와 주셨던 분들이 정말 많이 계십니다. 그 한 분 한 분께 제 모든 마음을 다해 정말로 감사드린다는 말씀 드리고 싶습니다.

끝으로, 영원한 나의 버팀목.. 하나님께 감사드리며.. special thanks to B, 진심으로 사랑하고 감사합니다.

여러분, 모두 행복하시길 간절히 기도합니다.

감사합니다.

송지원 드림

이 책의 특장점

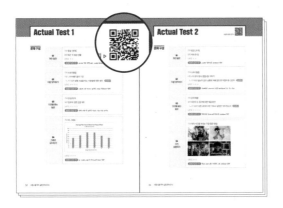

본 도서에서만 볼 수 있는 저자의 모의고사별 난이도 분석 및 총평

모의고사별 총평을 통해 출제자의 의도를 파악하고, 문제 구성별 유의해야 할 점을 파악하여 SPA 시험을 마스터할 수 있는 든든한 학습 가이드 라인을 제공합니다.

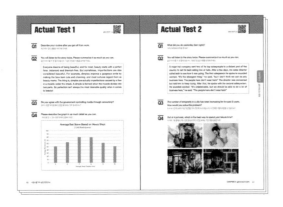

SPA 실제 시험과 가장 유사한 모의고사 제공

현대 그룹사 SPA 사내 강사 출신의 저자가 SPA 최신 기출 트렌드를 완벽하게 분석하여 실제 SPA 시험과 가장 유사한 모의고사를 수록하였습니다.

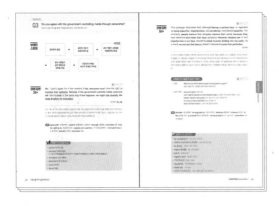

목표 레벨 맞춤형 교재

하나의 스토리라인으로 35점+와 50점+ 답변을 각각 제공하여 원하는 점수에 맞춰 답안을 골라 공부함으로써, 최단기간에 가장 효율적으로 공부하여 원하는 점수를 획득할 수 있습니다.

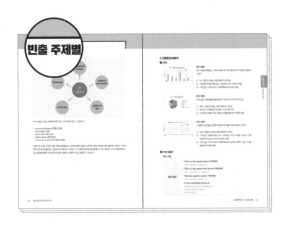

SPA 시험 실제 경험을 바탕으로 한 차별화된 전략

SPA 시험에 실제 출제되었던 빈출 문제 유형과
기출 포인트를 바탕으로 단기간에 원하는 레벨을 효과적
으로 획득할 수 있는 전략을 제시합니다.

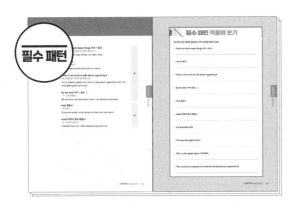

모의고사별 필수 패턴 제공

SPA는 파트별로 답변에 요구되는 사항이 비교적 명확합
니다. SPA 시험에 최적화된 필수 패턴으로 기초가 조금
부족하더라도 어렵지 않게 답변을 만들 수 있도록 학습할
수 있습니다.

저자 직강 유료 온라인 강의

시원스쿨 SPA 실전모의고사 도서의 체계적인 학습을 위해 저자 직강 온라인 강의를 제공합니다.
자세한 정보는 시원스쿨LAB 사이트를 확인해 주세요.
MP3 음원 및 도서 구매 독자들에게만 제공되는 SPA 필수 패턴 특강 2회분도 시원스쿨LAB 사이트를 참고해 주세요.
(lab.siwonschool.com)

학습 플로우 한 눈에 보기

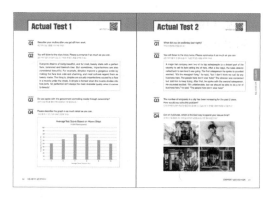

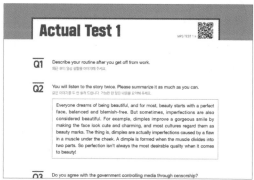

실전 모의고사 1회-10회 풀기

도서에 수록된 QR코드를 통해 최신 기출 경향을
완벽히 반영한 문제를 풀어봅니다.

송쌤의 실전 모의고사 총평

송쌤의 음성 총평으로 정확한 난이도를 분석하고 문제를 풀
어보면서 내가 느낀 난이도와 실제 난이도를 확인해 보고,
각 문제별 답변 팁을 숙지합니다.

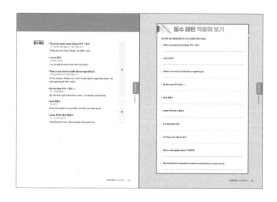

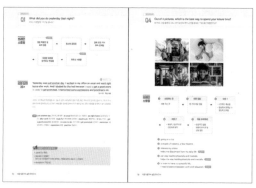

필수 패턴

본격적인 모범 답안 학습에 앞서 모범 답안에 사용된 필수
패턴을 학습합니다.

실전 모의고사 해설 (35+, 50+)

각 문제 유형에 알맞은 브레인스토밍을 전략적으로 파악하
고, 원하는 점수에 맞춰 답변을 골라 학습합니다.

목표 레벨별 공부 방법

35점+ 목표

1 말하기/발화

‣ Keep it short and simple!
‣ 단순하고 간단한 문장 단위로 말하는 연습하기
‣ 정확한 주어 + 동사 형태로 말하기

2 어휘/표현

‣ 각 파트별 필수 패턴 암기하기
‣ 대처할 수 있는 문제들에 대한 답변 패턴을 정확히 익히기
‣ 빈출 주제별 관련 어휘 및 표현을 사전에 숙지하기

3 듣기

‣ 긴 지문 듣고 말하기 연습하기
‣ 노트 테이킹(note-taking)을 하지 않고 내용을 파악하는 연습을 꾸준히 하기
‣ 1분 내외에 비교적 짧지 않은 지문이 주어지기 때문에 평상시에 꾸준한 연습이 있어야만 실제 시험에 효과적으로 대처할 수 있음
‣ 지문은 총 두 번 들려주기 때문에, 첫 번째 와 두 번째 들을 때, 다른 전략 활용하기
‣ 효과적으로 요약하는 필수 패턴 암기하기

4 발음

‣ 자신감 있는 태도로 크게 연습하기
‣ 한마디라도 더 하려고 하는 태도와, 자신감 있는 자세가 시험에 전반적인 영향을 미칠 수 있으며 또한 면접관들에게도 좋은 인상을 줄 수 있음
‣ 발음, 억양, 강세에 주의하여 큰 소리로 연습하기

50점+ 목표

1 말하기/발화

‣ 문장을 길게 말하고, 문장과 문장 사이를 적당한 속도로 유창하게 말하기
‣ 1~3형식의 문장보다는 4~5형식의 문장을 많이 활용하기
‣ 간단한 문장을 and, but으로 잇기 보다는 관계대명사 등을 이용하여 긴 문장으로 바꿔 연습하기
‣ 문장을 많이 말할 필요는 없지만, 한 문장을 주저하지 않고 말할 수 있도록 연습하기

2 어휘/표현

‣ 평상시에도 사회적인 이슈나 논쟁이 될 만한 이슈에 대해 본인의 의견을 생각해 보기
‣ 조금 더 심화된 표현과 주제에 특화된 어휘 반드시 학습하기
‣ 시원스쿨 SPA 도서 곳곳의 송쌤의 꿀팁을 적극 참고하기
‣ 50점+ 모범 답변의 표현과 문장을 적극 활용하기

3 듣기

‣ 첫 번째 들을 때 전체적인 내용을 파악, 두 번째 들을 때에는 의미는 같지만 다른 표현으로 바꾸는 연습하기
‣ 주어진 지문의 같은 표현으로 요약하는 것보다 같은 뜻의 다른 표현을 사용하는 것이 고득점의 지름길

4 실제 시험과 유사한 환경에서 연습

‣ 실제 시험과 유사하게 구현한 모의고사 영상으로 시험 보듯 연습하고, 직접 녹음하여 자주하는 실수는 확인하고 보완하기

학습 플랜

35점+ 목표

✓ 1주 완성

Day 1	Day 2	Day 3	Day 4	Day 5	Day 6	Day 7
주제별 전략 파트별 전략 및 패턴	모의고사 1회 모의고사 2회 1-2회 필수패턴 및 정리	모의고사 3회 모의고사 4회 3-4회 필수패턴 및 정리	모의고사 5회 모의고사 6회 5-6회 필수패턴 및 정리	모의고사 7회 모의고사 8회 7-8회 필수패턴 및 정리	모의고사 9회 모의고사 10회 9-10회 필수패턴 및 정리	모의고사 1회-10회 필수패턴 및 최종정리

✓ 2주 완성

Day 1	Day 2	Day 3	Day 4	Day 5	Day 6	Day 7
주제별전략 파트별전략	모의고사 1회 본인 답변 녹음 및 노트 정리	모의고사 2회 본인 답변 녹음 및 노트 정리	모의고사 3회 본인 답변 녹음 및 노트 정리	모의고사 1회-3회 필수패턴 및 최종정리	모의고사 4회 본인 답변 녹음 및 노트 정리	모의고사 5회 본인 답변 녹음 및 노트 정리

Day 8	Day 9	Day 10	Day 11	Day 12	Day 13	Day 14
모의고사 6회 본인 답변 녹음 및 노트 정리	모의고사 4회-6회 필수패턴 및 최종정리	모의고사 7회 본인 답변 녹음 및 노트 정리	모의고사 8회 본인 답변 녹음 및 노트 정리	모의고사 9회 본인 답변 녹음 및 노트 정리	모의고사 7회-9회 필수패턴 및 최종정리	모의고사 10회 필수패턴 및 1-10회 최종정리

- 도서 활용 및 실전대비 학습 전략 및 순서는 Chapter 2 SPA 만능 전략에 수록된 빈출 주제별로 많이 활용할 수 있는 일반적 견해와 나의 입장 문장들을 반드시 먼저 암기하고, 입에서 부드럽게 나올 수 있을 때까지 연습한 후, Chapter 3 실전 모의고사 문제(본인의 답안 녹음) - Chapter 4 실전 모의고사 모범 답변 및 해설 순서대로 학습합니다.

- 반드시 Chapter 3 실전 모의고사 문제로 먼저 문제를 풀어본 후, 학습자의 답변과 Chapter 4 모범 답변 및 해설 부분을 비교, 분석하며 학습합니다. Chapter 3 실전 모의고사 문제를 풀어볼 때에는, 반드시 본인의 답변을 녹음하는 것을 추천합니다.

- 각 모의고사별 필수 패턴을 반드시 숙지하고, 예문을 습득함으로써 내 문장으로 바꾸는 연습을 하세요.

- 35점 목표까지는 아주 유창하고 어려운 표현을 사용하지 않아도 좋습니다. 도서에 수록된 짧고 단순한 문장을 참고하여 자꾸 내뱉는 연습을 하세요.

✓ 유료 연계 강의 시원스쿨 SPA 실전 모의고사 35+
▸ 동영상 강좌와 함께 학습하실 경우, 시원스쿨LAB(lab.siwonschool.com)을 참고하세요.

50점+ 목표

⊘ 1주 완성

Day 1	Day 2	Day 3	Day 4	Day 5	Day 6	Day 7
주제별 전략 파트별 전략 및 패턴	모의고사 1회 모의고사 2회 1-2회 필수패턴 및 정리	모의고사 3회 모의고사 4회 3-4회 필수패턴 및 정리	모의고사 5회 모의고사 6회 5-6회 필수패턴 및 정리	모의고사 7회 모의고사 8회 7-8회 필수패턴 및 정리	모의고사 9회 모의고사 10회 9-10회 필수패턴 및 정리	모의고사 1회-10회 필수패턴 및 최종정리

⊘ 2주 완성

Day 1	Day 2	Day 3	Day 4	Day 5	Day 6	Day 7
주제별전략 파트별전략	모의고사 1회 본인 답변 녹음 및 노트 정리	모의고사 2회 본인 답변 녹음 및 노트 정리	모의고사 3회 본인 답변 녹음 및 노트 정리	모의고사 1회-3회 필수패턴 및 최종정리	모의고사 4회 본인 답변 녹음 및 노트 정리	모의고사 5회 본인 답변 녹음 및 노트 정리

Day 8	Day 9	Day 10	Day 11	Day 12	Day 13	Day 14
모의고사 6회 본인 답변 녹음 및 노트 정리	모의고사 4회-6회 필수패턴 및 최종정리	모의고사 7회 본인 답변 녹음 및 노트 정리	모의고사 8회 본인 답변 녹음 및 노트 정리	모의고사 9회 본인 답변 녹음 및 노트 정리	모의고사 7회-9회 필수패턴 및 최종정리	모의고사 10회 필수패턴 및 1-10회 최종정리

- 도서 활용 및 실전대비 학습 전략 및 순서는 Chapter 2 SPA 만능 전략에 수록된 빈출 주제별로 많이 활용할 수 있는 일반적 견해와 나의 입장 문장들을 반드시 먼저 암기하고, 입에서 부드럽게 나올 수 있을 때까지 연습한 후, Chapter 3 실전 모의고사 문제(본인의 답안 녹음) – Chapter 4 실전 모의고사 모범 답변 및 해설 순서대로 학습합니다.

- 반드시 Chapter 3 실전 모의고사 문제로 먼저 문제를 풀어본 후, 학습자의 답변과 Chapter 4 모범 답변 및 해설 부분을 비교, 분석하며 학습합니다. Chapter 3 실전 모의고사 문제를 풀어볼 때에는, 반드시 본인의 답변을 녹음하는 것을 추천합니다.

- 각 모의고사별 필수 패턴을 반드시 숙지하고, 예문을 습득함으로써 내 문장으로 바꾸는 연습을 하세요.

- 50점 이상 받을 확률을 높이려면, 듣고 말하기 부분(지문 요약)에서 고득점을 받아야 하며, 들은 내용을 그대로 전달하는 것이 아니라 같은 뜻의 다른 여러가지 표현으로 바꾸는 연습이 필요합니다.

- 잘못된 여러 문장을 띄엄 띄엄 애매모호하게 하는 것이 아니라, 하나의 문장이라도 좀 더 심화된 표현과 어법으로, 어떤 속도로 말하는 지가 점수와 비례합니다. 이 부분에 중점을 두어 연습하세요.

⊘ 유료 연계 강의 시원스쿨 SPA 실전 모의고사 50+

▹ 동영상 강좌와 함께 학습하실 경우, 시원스쿨LAB(lab.siwonschool.com)을 참고하세요.

Contents

CHAPTER 3 실전 모의고사 문제

CHAPTER 4 실전 모의고사 모범 답변 및 해설

온라인 제공   ▪ 시험에 반드시 쓰이는 SPA 필수 패턴 특강 2회분

CHAPTER 1

SPA 기본 정보 및 전략

- ⊘ SPA 기본 정보

- ⊘ 평가 영역

- ⊘ 채점 기준

- ⊘ 등급 체계

- ⊘ 평가 방식

- ⊘ 목표 등급 달성을 위한 전략

SPA(Speaking Proficiency Assessment) 기본 정보

시험의 목적

SPA(Speaking Proficiency Assessment)는 실제 비즈니스 현장에서 실질적인 영어 사용 능력을 평가하기 위한 영어 말하기 시험입니다. 원어민 평가 위원이 응시자를 인터뷰하는 형태의 대면 인터뷰 방식의 영어 구술 능력 평가입니다.

시험의 구성

❶ 분위기 전환용 개인 질문

본격적인 시험을 시작하기 전, 딱딱한 분위기를 전환하기 위해 간단히 대답할 수 있는 개인적인 질문이 주어집니다.

❷ 지문 요약

1분 내외 길이의 지문을 두 번 듣고 요약하는 문제가 주어집니다. 지문 요약 후, 지문 주제와 관련된 추가 질문이 주어질 수 있습니다.

❸ 의견을 묻는 사회적 질문

분위기 전환용 개인 질문에 비해서 조금 더 무겁고 깊이 생각해 볼 만한 문제들이 출제됩니다. 주장을 뒷받침 할 수 있는 논리적인 이유도 함께 물어봅니다.

❹ 그래프 및 사진과 같은 그림 질문

그림 질문은 크게 그래프 와 사진으로 나뉘며, 둘 중 하나가 출제됩니다. 그래프의 경우, 주어진 자료를 보고 분석하는 것이 요구 되며 사진의 경우 비교/대조/묘사/판매 등의 다양한 문제 유형 중에 한 문제가 출제될 수 있습니다.

평가 영역

SPA는 응시자의 영어구술능력을 효과적으로 평가할 수 있도록 다양한 영역별 주제에 대한 질문들을 평가요소별 출제 기준에 맞춘 문제은행에서 출제하여 평가를 진행하게 됩니다. 질문의 내용은 비즈니스 영어회화를 중심으로 Business, Product, Work, Workplace, Jobs, Employment, Technology, Management 등 실제 비즈니스 연계 카테고리 내의 소재를 다룹니다.

Warm up	발음	청취력과 답변능력	어휘 사용 능력	문장 구성 능력	언어 구사 능력

SPA는 비즈니스 현장에서 실질적인 언어구사능력을 평가하기 위한 목적으로 개발된 시험입니다.
상세한 평가 영역은 총 5가지이며 아래와 같습니다.

❶ 발음

강세와 속도(Accent & Pace)를 가장 중요하게 봅니다.

❷ 청취력과 답변능력

주어진 지문에 대한 기본적인 청취 능력을 바탕으로 얼마만큼 정확하고 연관성 있는 답변인지를 평가합니다.

❸ 어휘사용능력

상황에 맞는 적절한 어휘 사용과 고급 단계의 구 단위로까지의 확장성을 평가합니다.

❹ 문장구성능력

기본적인 문법에 의거하여 문장 구성의 필수 요소들을 바탕으로 문장 구성의 확장성을 평가합니다.

❺ 언어구사능력

주어진 주제에 대한 본인의 생각을 얼마만큼 자연스럽고 자신 있게 논리적인 근거를 이용하여
표현할 수 있는지를 바탕으로 채점됩니다.

채점 기준

영역	채점기준	점수
발음 Pronunciation	발음, 억양, 강세, 연음을 잘 지키는가? 자연스럽고 영어다운 속도로 말하고 있는가?	12점
청취력과 답변능력 Listening Comprehension & Response Technique	주어진 지문을 정확히 파악했는가? 지문과 관련된 연관된 답변을 하고 있는가?	36점
어휘사용능력 Content and Use of Vocabulary	상황에 맞는 적절한 어휘를 사용하고 있는가? 고급 단계의 어휘와 구까지 확장할 수 있는가?	12점
문장구성능력 Grammar and Common Error	기본적인 문법을 지키며 말하고 있는가? 시제를 정확히 사용하고 있는가? 다양한 문장 구조를 구사하고 있는가? 형용사 및 다양한 품사를 활용하여 말하고 있는가?	24점
언어구사능력 Overall Fluency	논리적인 답변을 하고 있는가? 자신감 있고 자연스러운 대답을 하고 있는가?	12점

등급 체계

SPA는 총점을 기준으로 총 8개의 등급으로 구분되며 등급별로 의사소통 및 업무수행에 필요한 영어구술능력을 평가합니다.

Level 1 Unmeasurable Proficiency	Level 2 Rehearsed Proficiency	Level 3 Limited Proficiency	Level 4 Developing Proficiency	Level 5 Sustainable Proficiency	Level 6 Highly Proficiency	Level 7 Advanced Proficiency	Level 8 Native Proficiency

**승진/주재원 시
일반적으로 가장 많이 요구되는 등급**

등급	Score	요약설명
Level 8 (Native Proficiency)	85~96	언어 구사의 능숙도가 Native Speaker 수준임. 언어 제어의 완벽함과 표현의 자유로움을 보여줌. 어휘사용, 문장구조, 문법, 발음이 정확함. 완전히 연관성을 갖춘 수준 높은 어휘사용, 문장구조, 표현으로 정교하게 설명하여 말함.
Level 7 (Advanced Proficiency)	75~84	언어 구사의 능숙도가 Native Speaker 수준에 근접. 다양한 상황과 문맥에 대해 잘 다듬어진 심도 있는 대답과 설명, 의견을 전달함. 어휘 사용, 문장구조, 문법, 발음에 부정확한 부분이 거의 없거나 무시해도 될 정도임.
Level 6 (Highly Proficiency)	65~74	다양한 관련 주제에 대해 생각과 의견을 정교하게 표현할 수 있으며 질문에 효과적으로 자세하게 설명하여 답변할 수 있음. 일반적으로 이해에 지장을 줄 만큼은 아니지만 때때로 어휘사용, 문장구조, 문법, 발음에 부정확한 부분이 있을 수 있음.
Level 5 (Sustainable Proficiency)	50~64	다양한 상황과 문맥에 걸쳐 질문 받은 내용을 이해하고 관련된 생각과 의견을 표현할 수 있지만 자세하게 설명하는 것이 제한적일 수 있음. 정확성을 갖춘 심도 있는 답변에 필요한 적합한 어휘 선택과 복합적인 문법 구조 사용이 부족할 수 있음. 때때로 답변에 있어 어휘 사용, 문장 구조, 문법, 발음에 오류를 포함 할 수 있음.
Level 4 (Developing Proficiency)	35~49	일반적 대화 주제에 대해 기본적인 생각을 표현할 수 있고 때때로 익숙한 주제는 일부분 자세한 설명이 가능할 수도 있지만 간혹 질문 내용을 이해하지 못할 수도 있음. 답변을 하는데 있어 여전히 어휘사용, 문장 구조, 문법, 발음에 오류가 있음.
Level 3 (Limited Proficiency)	25~34	제한된 문맥으로 기본적인 생각을 표현 할 수 있음. 하지만, 때때로 질문 받은 내용을 이해하지 못하거나 자신의 의견이나 주장을 충분히 뒷받침 하지 못할 수 있음. 답변을 하는데 있어 대부분의 어휘사용, 문장구조, 문법, 발음에 습관적인 오류가 있음.
Level 2 (Rehearsed Proficiency)	16~24	간단한 육하원칙 질문들에 대해 단어나 짧은 구문으로 답변을 할 수 있음. 하지만, 질문의 뜻을 완전히 이해하지 못해 주제와 관련 없는 답변을 빈번하게 할 수 있음.
Level 1 (Unmeasurable Proficiency)	0~15	질문을 파악하지 못하고 답을 하기 위한 시도를 하지 못함. 영어로 의사소통이 거의 불가능하여 레벨로 표시할 수 없는 단계.

※ 일반 응시자를 위한 SPA 시험의 경우 Level 4(Developing Proficiency), Level 5(Sustainable Proficiency) 등급을 세분화(Low, Mid, Upper) 하여 제공합니다.

시험 진행 순서

신분 확인 응시자 준수 사항 작성	대기실 이동/ 시험 대기	시험장 이동	시험 응시 (약 11분 소요)

1 시험 응시자는 입실 전 SPA한국위원회의 신분확인규정에 따라 신분확인 절차를 진행한 후,
　SPA응시자 준수사항을 자필로 작성합니다. 신분증 지참 필수!

2 시험 응시자는 대기실에서 SPA의 기본적인 시험 설명이 되어 있는 짧은 영상을 보며 본인의 시험 시간이 될 때까지
　기다린 후, 시험장으로 이동하게 됩니다.

3 시험장에는 SPA전문평가위원 및 평가관리위원으로 구성된 2명의 면접관들이 평가영역별로 구성된 5가지 영역에 관한
　질문을 미리 준비하고 있습니다. 전문평가위원은 원어민, 평가관리위원은 원어민 수준의 한국인(교포 포함) 입니다.

4 시험 응시자는 약 11분 (warm-up 1분 포함)에 걸쳐 면대면 방식으로 문답을 주고받게 됩니다.

평가방식

SPA의 시험 평가는 공인된 전문 평가위원들이 3단계에 걸쳐 평가를 진행합니다.
대면 인터뷰 방식의 시험이므로 시험 현장에서 시험을 녹화합니다.

대면 인터뷰	녹화된 비디오 정밀 판독	시니어 평가위원 정밀 평가

목표 등급 달성을 위한 전략

전략1 목표점수 및 레벨을 정확히 정하자

SPA 시험은 각 영역별 점수 비중이 동일하지 않기 때문에 목표 레벨 및 점수를 정확히 정한 후 영역별 목표 점수를 설정하여 전략적으로 학습 한다면 단 기간에 고득점을 달성할 수 있습니다.

전략2 각 평가영역이 차지하는 비중을 체크하자

SPA 시험은 총 5개의 영역을 기준으로 평가하지만, 각 영역이 차지하는 비중이 다릅니다.(p.15 채점 기준 참고) 발음 영역은 96점 만점 중 12점을 차지하는 반면, 청취력과 답변 능력 영역은 96점 만점 중 가장 높은 비중인 36점입니다. 즉, 가장 많은 비중을 차지하는 부분을 중점적으로 연습하여 가능한 한 많은 점수를 획득하는 것이 총 점수나 레벨을 높이는데 가장 효과적 입니다.

전략3 듣고 말하는 연습을 많이 하자

점수 비중이 가장 높은 청취력과 답변 능력을 중점적으로 연습하는 것이 단기간 고득점을 받을 수 있는 가장 효과적인 방법이라 할 수 있습니다. 시험 도중 노트테이킹이 불가하므로 1분 내외에 비교적 짧지 않은 지문이 주어지기 때문에, 평상시에 꾸준한 연습이 있어야만 시험에 효과적으로 대처할 수 있습니다.

전략4 준비하여 대처할 수 있는 문제들에 대한 대답 패턴을 정확히 익히자

SPA 시험의 가장 마지막 파트인 그림 파트에서는 그래프 혹은 사진으로 문제 유형이 나뉘는데, 이 2가지 유형 모두 미리 대비가 가능하다는 점 입니다. 그래프 문제 유형은 각 그래프의 종류마다 분석하는데 사용할 수 있는 기본적인 패턴들이 있으며, 사진 문제도 각 출제될 수 있는 다른 유형별 대처할 수 있는 기본적인 패턴들이 있습니다. 패턴을 제대로 사전에 익히고 연습만 해놓는다면, 시험장에서 아무런 문제 없이 대처할 수 있기 때문에 점수는 따놓은 당상이겠죠?

전략5 자신감 있는 태도를 가지자

평가 항목의 마지막 영역인 언어구사능력(Overall fluency)의 채점 기준에 자신감과 침착성(confidence & poise)라는 부분이 있습니다. 즉, 시험 응시자의 자신있는 태도 또한 평가 기준으로써 사용이 된다는 것이죠. 영어가 편하지 않고, 영어 말하기가 어려운 응시자분들이라 하더라도, 한마디라도 더 하려고 하는 태도와 자신감 있는 자세가 응시자분들의 말하기 능력에 전체적인 영향을 미칠 수 있으며 또한 면접관들에게도 좋은 인상을 줄 수 있다는 점, 잊지 마세요!

전략6 등급체계를 적극 활용하자

등급체계를 정확히 파악합니다. SPA는 어디까지나 말하기 시험이기 때문에, 채점을 하기 위해서는 절대적인 기준이 필요합니다. 그 기준이 바로 등급체계가 되겠습니다. 시험을 몇 번이나 봐도 원하는 점수가 나오지 않을 때에는, 받고자 하는 레벨에서 원하는 것을 주지 못했기 때문입니다.

40점대에서 50점이상이 나오지 않는 SPA 유경험자 혹은 **50점 이상 목표의 SPA 무경험자**	• Level 5 목표 응시자가 반드시 갖춰야 하는 능력은 정확성을 갖춘 심도 있는 답변 • 다양한 어휘를 적절하게 사용 • 주어진 문제에 대한 정확한 이해 • 40점대: 기본적인 생각 표현, 익숙한 주제에 자유로운 의사 표현 가능 • 50점대(Level 5)를 목표로 한다면 좀 더 다양한 주제에 관한 학습 필요 • 평소에 생각해 보지 않았던 사회 이슈를 생각해 보고 그 상황에 맞는 답변 연습 • 말을 많이 하지 않더라도 고급 표현과 문장을 오류 없이 부드럽게 말하는 연습
20점대에서 35점이상이 나오지 않는 SPA 유경험자 혹은 **35점 이상 목표의 SPA 무경험자**	• 20점대 후반 – 30점대 초반 학습자: 기본적인 육하원칙 질문에 간단히 답변할 수 있는 경우가 대부분이며 심도 있는 질문에 대해서는 한계점 보임 • 35점 이상(Level 4)으로 진입하기 위해서는 문장을 조금 더 길게 말하는 연습과 주어진 문제를 정확히 이해할 수 있는 능력 필요 • 정해진 시간 안에 최대한 많이 말할 수 있도록 연습하고, 정확한 시제를 쓰도록 연습 • 한 문장 말하는 것이 끝나기 전에 다음 문장을 머릿속에 생각해 두는 연습 • 어떤 순서로 말할 것인지 브레인스토밍 하는 연습

전략7 시험장 전략 세우기

❶ 2번 읽어주는 지문을 전략적으로 듣기

SPA 문제 중 청취력과 답변능력 파트(지문 요약하기)에서는 면접관이 지문을 2번 읽어줍니다. 첫 번째 읽어줄 때에는 전체적인 내용을 이해하는 전략을, 두 번째 읽어줄 때에는 문장단위로 기억에 남을 수 있도록 듣고 마음속으로 반복하며 외우는 전략을 추천합니다. 듣기가 끝난 후 바로 요약해야 할 때 마음속에 문장단위로 외워 뒀던 문장을 말하면 좋은 점수를 받을 수 있습니다.

❷ 이해가 되지 않는 부분은 면접관에게 다시 물어보기

SPA시험은 면대면으로 진행되기 때문에, 면접관의 질문 중 이해가 안가는 사항이 있거나 모르는 부분이 있으면 다시 되물어 봐도 됩니다. 면접관에게 공손히 문제를 다시 말해달라고 해도 좋고, 이해가 안가는 부분만 다시 물어봐도 좋습니다. 이러한 부분은 시험 성적에 전혀 영향을 주지 않으며, 제대로 이해하고 대답을 하는 것이 가장 중요합니다.

CHAPTER 2

SPA
만능 전략

빈출 주제별 전략

- ⊘ ECONOMY & FINANCE

- ⊘ TECHNOLOGY

- ⊘ JOB & WORK

- ⊘ POLITICS & LAW

- ⊘ CULTURE & ENVIRONMENT

파트별 전략

- ⊘ 개인 질문 & 의견을 묻는 질문 만능 문장

- ⊘ 지문 요약하기 전략

- ⊘ 그래프 묘사하기 전략

- ⊘ 사진 설명하기 전략

빈출 주제별 전략

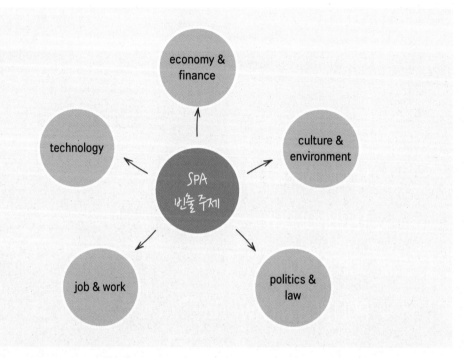

SPA 시험은 다양한 주제로 출제가 되는 것이 특징이지만, 그 중에서도

- economy & finance (경제 & 금융)
- technology (기술)
- job & work (직장 & 일)
- politics & law (정치 & 법)
- culture & environment (문화 & 환경)

이렇게 총 5개의 주제가 빈출 주제로 출제됩니다. 문제의 출제 유형은 사회적인 문제, 현상에 대한 일반적인 질문과 그것에 대한 본인의 의견을 묻는 질문으로 축약됩니다. 따라서, 각 주제에 일반적으로 답변할 수 있는 문장과 나의 의견을 말할 수 있는 문장을 통째로 익혀 둔다면 실제 시험에서 당황하지 않고 답변할 수 있습니다.

1. economy & finance (경제 & 금융)

일반적 견해	나의 입장
• Due to the <u>economic recession/</u><u>downturn</u>, many people are having a hard time making a living. 경기 불황/침체로 많은 사람들이 생계를 꾸려가는데 어려움을 겪고 있습니다.	• When I face an <u>economic slump</u>, I tend to cut down on spending on A first/tend to refrain from A. 제가 경기 침체를 맞닥뜨렸을 때, 저는 A에 대한 지출을 가장 먼저 줄이는/A를 자제하는 경향이 있습니다.
• Small business owners <u>were hit hard</u> by <u>the pandemic</u>. 소규모 자영업자들이 유행병으로 큰 타격을 받았습니다.	• I do <u>keep track of</u> my expenses so that I can <u>budget</u> my spending. 저는 제 지출 비용을 관리함으로써 지출하는 것에 대해 예산을 세울 수 있습니다.
• <u>Economic instability/uncertainty</u> causes people to participate in fewer economic activities. 경제 불안정/경제가 불확실한 상황이 사람들이 경제 활동에 적게 참여하도록 하는 원인이 되었습니다.	• I just hope that our economy will <u>turn around</u>. 저는 그냥 우리 경제가 다시 호전되기를 희망합니다.
• Many small business owners <u>go bankrupt</u> because of the lack of <u>cash flow</u> and continued <u>decrease in revenue</u>. 많은 소규모 자영업자들이 파산하는 것은 현금 흐름이 줄어든 것과 지속적으로 수입이 감소했기 때문입니다.	• I've <u>tightened my belt for a long time</u> because I <u>live on salary</u>, which means I need to <u>live under budget constraints</u>. 저는 월급으로 생활하기 때문에 오랫동안 허리띠를 졸라맸습니다. 이는 비용 제약으로 생활해야 한다는 것을 의미합니다.
• The gap between the rich and the poor is getting larger, and there are still many people who can barely <u>make ends meet</u>. 빈부 격차가 점점 심해지고 있으며, 여전히 많은 사람들이 하루하루 겨우 먹고 살고 있습니다.	• I prefer saving money to investing it in order to <u>manage my finances</u>. 저는 제 자금을 관리하기 위해 투자하는 것보다 저축하는 것을 선호합니다.
• Young generations strongly believe that working hard from 9 to 5 won't make them rich. 젊은 세대들은 9시부터 5시까지 열심히 일한다고 부자가 되는 것은 아니라고 강하게 믿고 있습니다.	• Investments in cryptocurrency, stocks or housings are <u>unreliable</u> and <u>risky</u>. 암호화폐, 주식 혹은 주택에 투자하는 것은 신뢰할 수 없고 위험합니다.
	• I believe high risk leads to high return. 저는 높은 위험이 높은 수익으로 이어진다고 믿습니다.
	• I'm responsible for all the finances in my household. 저는 우리집 모든 자금을 책임지고 있습니다.

패턴 **핵심 단어**

2. technology (기술)

일반적 견해

- Technology is changing so <u>rapidly</u> that people sometimes have difficulty <u>keeping up with</u> it.

  기술이 급격하게 변함에 따라 사람들은 종종 그것을 따라잡기 힘들어합니다.

- On one hand, <u>the technological advancements</u> make people live more comfortably, but on the other hand, it can be a huge problem because people are getting too dependent on it.

  한편으로는, 기술 발전이 사람들을 좀 더 편안하게 만들어 주지만, 다른 한편으로는 사람들이 전적으로 기술에 의존할 수 있기 때문에 아주 큰 문제가 될 수 있습니다.

- With the invention of the internet/smartphone, people are able to communicate with each other <u>instantly</u> and <u>efficiently</u> at reasonable prices no matter where they are.

  인터넷/스마트폰의 발명으로 사람들은 합리적인 가격으로 어디에 있든지 간에 다른 사람들과 즉각적이고 효율적으로 의사소통을 할 수 있습니다.

- <u>Being anonymous, feeling isolated, and cyberbullying</u> can be negative aspects of the internet.

  익명, 소외감 그리고 사이버 폭력은 인터넷의 부정적인 측면입니다.

- Many tasks can be accomplished online/on smartphones such as <u>mobile banking</u> or <u>online shopping</u>.

  모바일 뱅킹 혹은 온라인 쇼핑과 같이 많은 일을 스마트폰/온라인에서 할 수 있습니다.

- Especially, keeping up with <u>recent technology</u> is <u>crucial</u> at work because everything is processed through <u>technology</u>.

  특히, 직장에서 최신 기술을 따라잡는 것은 필수적입니다 왜냐하면 모든 것이 기술을 통해 진행되기 때문이죠.

나의 입장

- The technology (that) I use on a daily basis is definitely my smartphone.

  제가 매일 사용하는 기술은 확실히 제 스마트폰입니다.

- Smartphones enable me to do everything (that) I need to do.

  스마트폰은 제가 필요한 모든 것을 할 수 있게 해줍니다.

- Robot vacuum cleaners are also a <u>groundbreaking</u> and <u>innovative</u> item for busy people like me.

  로봇 청소기는 저같이 바쁜 사람들에게는 획기적이고 혁신적인 물건입니다.

- In today's time when <u>fine dust</u> is such a <u>severe</u> problem, air purifiers have also become a necessary technology.

  미세 먼지가 심각한 요즘 같은 시대에 공기 청정기도 반드시 필요한 기술이 되었습니다.

- I try to read articles related to technology in order to <u>stay up-to-date</u>.

  저는 최신 정보를 유지하기 위해 기술과 관련된 기사를 읽으려고 노력합니다.

- I try to take advantage of technology.

  저는 기술을 이용하려고 노력합니다.

- I try to make great use of technology.

  저는 기술을 잘 활용하려고 노력합니다.

- Technological advancements are <u>time-saving</u> and cost-efficient.

  기술 발전은 시간을 절약해 주고 비용 효율적입니다.

패턴 **핵심 단어**

3. job & work (직장 & 일)

일반적 견해

- It's getting harder for **people** to **get a job** as time goes by.
  시간이 지남에 따라 사람들이 직장을 구하기가 점점 어려워집니다.

- The unemployment rate is skyrocketing.
  실업률이 치솟고 있습니다.

- The number of job seekers has increased.
  구직자의 수가 증가했습니다.

- **The young generation** considers the balance between **their lives** and **work** the most important.
  젊은 세대는 그들의 삶과 일 사이의 균형을 가장 중요하게 여깁니다.

- It wouldn't be too much to say that Korean companies have a strong hierarchical structure.
  한국 기업들은 위계질서가 강하다고 해도 과언이 아닙니다.

- **Companies in Korea** have changed in many ways, **but they are still very** conservative.
  한국 기업들은 다방면으로 변화하였지만 여전히 아주 보수적입니다.

- People working in Korean companies are required to cooperate and harmonize with their team members so that they can blend in rather than stand out.
  한국 기업에서 일하는 사람들은 팀원들과 협조하는 것과 조화롭게 어울리는 것이 요구되기 때문에 그들은 눈에 띄기 보다 조화를 이룰 수 있습니다.

- Uniform corporate policies could hinder one's creativity and individuality.
  지정 복장 정책은 개인의 창의성과 개성을 방해할 수 있습니다.

나의 입장

- I'm considered hardworking, decisive and punctual among **my teammates**.
  저는 팀 동료들 사이에서 열심히 일하고, 결단력 있고, 시간을 잘 지키는 사람으로 여겨집니다.

- I'm mainly responsible for/in charge of A.
  저는 주로 A를 책임지고 있습니다/A를 담당하고 있습니다.

- I love what I do, and I believe I'm talented in it.
  저는 제가 하는 일을 아주 좋아하고, 제가 그것에 재능이 있다고 믿습니다.

- I'm expected to be fast in making decisions and take responsibility for the decisions (that) I make.
  저는 의사 결정을 빨리 내려야 하고 그 결정에 대해 책임을 져야 합니다.

- I'm likely to ask my senior members for help when I face problems.
  저는 문제에 직면했을 때 상사에게 도움을 구하는 편입니다.

- I'm willing to maintain good relationships with my subordinates.
  저는 부하직원들과 좋은 관계를 유지하길 원합니다.

- What gets me the most **at work** would be some employees acting selfishly, and not cooperatively.
  직장에서 저를 가장 화나게 하는 것은 이기적으로 굴거나 협조적이지 않은 직원들 일 겁니다.

- I try to put my effort into everything related to **my job**.
  제 일과 관련된 모든 것에 노력을 기울입니다.

패턴 핵심 단어

4. politics & law (정치 & 법)

일반적 견해	나의 입장
• People must <u>obey the law</u> in order to <u>ensure public safety</u> and <u>individual freedom</u>. 사람들은 공공의 안전과 개인의 자유를 보장받기 위해 반드시 법을 준수해야 합니다.	• If I could **change any law** in my country, I would **change the** <u>current</u> law regarding A (education system). 만약 제가 우리나라의 법을 바꿀 수 있다면, 저는 A (교육 시스템) 와 관련된 현행법을 바꾸고 싶습니다.
• No one should be deprived of **their own** <u>basic human rights/freedom</u>. 어느 누구도 기본적인 인간 권리/자유를 박탈당해서는 안됩니다.	• **The law** related to A should be regulated more/less than now. A와 관련된 법은 지금 보다 더/덜 규제되어야 합니다.
• It's a good idea to <u>introduce/implement</u> some laws from other <u>developed countries</u> to make a better society. 더 나은 사회를 만들기 위해서 다른 선진국의 법을 도입하는/시행하는 것은 좋은 생각입니다.	• Strong regulation of **media** could result in <u>conveying biased information</u> to people. 강력한 미디어 규제는 사람들에게 편향된 정보를 전달하는 결과를 낳게 됩니다.
• It's a shame to say that **there's too much** <u>corruption</u> among the <u>privileged people</u> who have <u>vested interests</u> in our society. 우리 사회에서 기득권을 가진 특권층 사이에 너무 많은 부패가 있다는 것이 유감스럽습니다.	• I have never thought deeply about **issues** such as the <u>death penalty</u> or <u>euthanasia</u>, but I know that it's definitely <u>controversial</u>. 저는 사형 집행 혹은 안락사와 같은 문제에 대해서 한 번도 깊게 생각해 본 적은 없지만 분명히 논란이 많을 것이라는 것은 알고 있습니다.
• **Laws** related to **domestic** <u>violence</u>, <u>corruption</u>, and <u>monopolies</u> should be more strongly regulated. 가정 폭력, 부패 그리고 독점과 관련된 법은 좀 더 강력하게 규제되어야 합니다.	• As a law abiding citizen, I try not to **break any law** in our country. 법을 준수하는 시민의 한 사람으로서, 저는 우리나라의 어떤 법도 어기지 않으려고 노력합니다.

패턴 <u>핵심 단어</u>

5. culture & environment (문화 & 환경)

일반적 견해	나의 입장

일반적 견해

- It's a virtue that young people show respect to the elderly by using honorifics or bowing.
  젊은 사람들이 나이든 사람에게 존댓말을 쓰거나 인사를 하는 것으로 존경심을 보여주는 것은 미덕입니다.

- We have to take off our shoes before entering someone's house.
  누군가의 집에 들어가기 전에 신발을 벗어야만 합니다.

- Speaking with a mouth full of food is considered bad manners.
  입안에 음식을 가득 넣은 채 말하는 것은 나쁜 예절로 여겨집니다.

- People need to wait until the oldest person at the table starts eating.
  사람들은 밥상에서 나이가 가장 많으신 분이 먹기 시작 할 때까지 기다려야 합니다.

- People need to put the environment first rather than human convenience.
  사람들은 인간의 편의보다 환경을 먼저 생각할 필요가 있습니다.

- Recycling is the easiest way to preserve our environment.
  재활용은 환경을 보존하기 위한 가장 쉬운 방법입니다.

- Many countries provide incentives for those who drive electric vehicles.
  많은 나라들이 전기 자동차를 운전하는 사람들에게 우대 정책을 제공하고 있습니다.

- Electric vehicles are considered environmental-friendly because they produce zero emission.
  전기 자동차는 공해 물질을 배출하지 않기 때문에 환경 친화적이라고 여겨집니다.

나의 입장

- I give my seat to the elderly when I ride public transportation.
  제가 대중 교통을 탈 때 저는 나이가 있으신 분들에게 자리를 양보합니다.

- I try not to eat loudly, especially when I'm with other people.
  저는 특히 다른 사람과 같이 있을 때 큰 소리를 내면서 먹지 않으려고 노력합니다.

- I tip-toe when I walk around my apartment because noise between floors can cause trouble.
  저는 우리집에서 걸어 다닐 때 까치발을 하고 다닙니다. 왜냐하면 층간 소음이 문제를 일으킬 수 있기 때문입니다.

- Unplugging all electrical products when they're not in use it is my way to save energy.
  전기 제품들을 사용하지 않을 때 모든 전기 제품의 플러그를 뽑는 것은 에너지를 절약하는 제 방법입니다.

- I separate recyclable items by their categories such as plastic, Styrofoam, paper, and so on, and then dump them into the corresponding bins.
  저는 플라스틱, 스티로폼, 종이 그 외 기타 등등 의 재활용품을 분류에 따라 따로 두고, 그에 맞는 쓰레기통에 버립니다.

- I plan on buying an electric vehicle within 5 years because the burning of fossil fuels is bad for our environment.
  저는 5년 안에 전기 자동차를 살 계획입니다. 왜냐하면 화석 연료를 태우는 것은 환경에 나쁘기 때문입니다.

패턴 핵심 단어

파트별 전략

1. 개인 질문 & 의견을 묻는 질문 만능 문장

<table>
<tr><td rowspan="6">하는 일</td><td>

• I do a couple of things to 동사.

~하기 위해 하는 몇 가지가 있습니다.

</td></tr>
<tr><td>

• In order to 동사, there are a few things I do.

~하기 위해, 저는 몇 가지 하는 것들이 있습니다.

</td></tr>
<tr><td>

• What I do first is 동사.

제가 제일 처음 하는 것은 ~입니다.

</td></tr>
<tr><td>

• I don't forget(make sure) to 동사.

저는 ~하는 것을 잊지 않습니다. / 저는 ~하는 것을 확실히 합니다.

</td></tr>
<tr><td>

• I 동사 just in case 주어 + 동사.

저는 ~할 경우를 대비해서 ~합니다.

</td></tr>
<tr><td>

• I tend (not) to 동사.

저는 ~하는 경향이 있습니다. / 저는 ~하지 않는 경향이 있습니다.

</td></tr>
<tr><td rowspan="5">좋아하는 것</td><td>

• I like it when 주어+동사.

저는 ~가 ~할 때가 좋습니다.

</td></tr>
<tr><td>

• I like A the most.

저는 A를 가장 좋아합니다.

</td></tr>
<tr><td>

• A is one of the best ways for me to 동사.

A는 ~하는 가장 좋은 방법 중 하나입니다.

</td></tr>
<tr><td>

• My most/least favorite A is B.

제가 가장 좋아하는/싫어하는 A는 B입니다.

</td></tr>
<tr><td>

• When it comes to A, I think B is the best.

A에 관해서는, B가 최고라고 생각합니다.

</td></tr>
<tr><td rowspan="5">과거에
있었던 일</td><td>

• I used to 동사.

저는 ~ 하곤 했습니다.

</td></tr>
<tr><td>

• When I was little, I 과거동사.

제가 어렸을 적에, 저는 ~했었습니다.

</td></tr>
<tr><td>

• I was supposed to 동사.

저는 ~을 하기로 되어 있었습니다.

</td></tr>
<tr><td>

• The best/worst 명사 that I've 동사p.p was ○○ ago.

제 최고/최악의 ~은 ○○전에 ~을 했을 때입니다.

</td></tr>
<tr><td>

• I decided to/tried to 동사.

저는 ~하기로 결정했습니다. / 저는 ~을 시도해 보기로 했습니다.

</td></tr>
</table>

미래에 있을 일	• I'm planning to 동사/on 동명사. 저는 ~을 계획하고 있습니다. / 저는 ~하는 것을 계획하고 있습니다. • I'm going to 동사. 저는 ~할 것입니다. • I haven't thought about A seriously yet. 저는 A에 관해 진지하게 생각해 본 적이 없습니다. • It'll lead to A. 그것은 A로 이끌어 줄겁니다. • It'll have a positive/negative/huge impact on A. 그것은 A에 긍정적인/부정적인/큰 영향을 미칩니다.
가정해보기	• If I could 동사, I would 동사. 만약 ~할 수 있다면, 저는 ~하고 싶습니다. • If I 과거동사, I would/could 동사. 만약 ~한다면, 저는 ~하고 싶습니다/저는 ~할 겁니다. • If I had 동사p.p, I would've/could've 동사. 제가 ~을 했다면, 저는 ~을 했을 겁니다/~을 할 수 있었을 겁니다. • Just thinking about it makes me 동사. 생각하는 것만으로도 ~합니다. • I wish I 과거동사. ~하면 좋을 텐데요.
동의하는 일	• I completely/totally agree with that 주어 + 동사. 저는 ~가 ~하는 것을 완전히/전적으로 동의합니다. • I somewhat(partially) agree(disagree) with that 주어 + 동사. 저는 ~가 ~하는 것을 어느정도(다소) 동의합니다.(동의하지 않습니다.) • What I object to is… 제가 반대하는 것은… • Yes, it could be right but… 네, 그것이 맞을지도 몰라요 하지만…
선호 사항	• I prefer to 동사1 than 동사2. 저는 ~하는 것(동사2) 보다 ~하는 것(동사1)을 선호합니다. • I prefer 명사1 to 명사2. 저는 ~(명사2)보다 ~(명사1)을 선호합니다. • I'd rather 동사1 than 동사2. 저는 ~(동사2)하기 보다 ~(동사1)을 하고 싶습니다. • I would 동사1 rather than 동사2. 저는 ~(동사2)하는 것 보다 ~(동사1)하는 것을 하고 싶습니다.

2. 지문 요약하기

❶ 전략

스토리텔링

- 이야기하다라는 뜻이며, 주로 시간 및 사건의 변화를 통해 이야기 전개
- 지문을 들을 때 중심 대상을 먼저 파악하고 인과 관계 중점적으로 듣기

단순 요약

- 특정한 사실, 주제를 가지고 근거를 제시하며 설명하는 지문 주로 등장
- 지문의 첫 문장에서 주제를 말하는 경우가 많으므로 지문 초반에 특히 집중해서 듣기
- 제시하는 근거를 모두 들으려고 하기 보다 확실하게 2가지 정도 기억해 두는 것이 답변할 때 효과적

| 듣기 연습 | 받아쓰기 | 지문 분석 | 핵심 내용 파악하기 | 고득점 paraphrasing (50점+) |

SPA 시험 평가 항목 중 청취력과 답변 능력을 평가하는 문제 유형으로 답변을 할 때에는 들은 내용을 자신만의 언어로 바꿔서 말하는 것이 중요합니다.

❷ 만능 템플릿

서론	• This story/passage/article is about _____. 이 이야기는/지문은/글은 _____에 관한 것입니다. • This is a story/passage about _____. 이것은 _____에 관한 이야기/지문입니다. • This story/passage is about wh-words 주어 + 동사. 이 이야기는/지문은 ~가 ~을 wh-하는 지에 관한 것입니다. * wh-words: who, where, when, what, why, how 같은 단어들
본론	• According to the story/article, 주어 + 동사~. 이 이야기/글에 따르면, ~가 ~을 합니다. • Based on what I heard, 주어 + 동사~. 제가 들은 것에 따르면, ~가 ~을 합니다. • I don't know(can't be sure) if I heard it right, but it also said 주어 + 동사~. 제가 정확히 들었는지 모르겠지만(확신할 수는 없지만), ~가 ~을 한다고도 말했습니다. • I guess the reason why 주어1 + 동사1 ~ is because 주어2 + 동사2~. ~가 ~을(주어1+ 동사1) 하는 이유는 ~가 ~을(주어2 + 동사2) 했기 때문인 것 같습니다.
결론	• This is (pretty much) everything that I've heard. 이것이 제가 들은 (거의) 모든 이야기입니다.

3. 그래프 묘사하기

❶ 전략

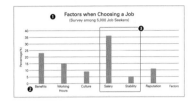

막대 그래프

SPA 시험에 출제되는 그래프의 종류 중 가장 일반적이고 기본적인 형태의 그래프

① 바 그래프의 주제는 보통 제목으로 주어짐
② 가로축은 주제에 대한 요소, 세로축은 주로 수치로 주어짐
③ 가장 높은 수치와 낮은 수치를 특징으로 자세히 설명

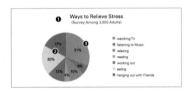

파이 그래프

각 요소별 구성비율을 원에 표현한 그래프, 파이 차트 라고도 함

① 파이 그래프의 주제는 보통 제목으로 주어짐
② 원 안의 각 부채꼴 별 요소들과 구성 비율 파악
③ 가장 많은 비율과 적은 비율의 수치를 특징으로 자세히 설명

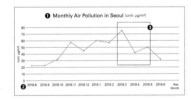

라인 그래프

각 변들의 꼭짓점을 연결하여 변화의 추이를 나타낸 형태의 그래프

① 라인 그래프의 주제는 보통 제목으로 주어짐
② 가로축은 주제에 대한 요소, 세로축은 주로 수치를 나타냄 (간혹 세로축이 요소로 나타나는 경우도 있음)
③ 가장 높은 수치와 낮은 수치를 특징으로 급격한 변화가 있는 구간을 중심으로 자세히 설명

❷ 만능 템플릿

막대 그래프

설명 도입부	• This is a bar graph about 주제(제목). 이것은 ~에 관한 바 그래프입니다. • This is a bar graph that shows 주제(제목). 이것은 ~을 보여주는 바 그래프입니다. • This bar graph is about 주제(제목). 이것은 ~에 관한 바 그래프입니다. • It was surveyed among A. A를 대상으로 설문 조사가 진행되었습니다. *A는 보통 그래프에 수치로 주어짐 ⑩ 조사 대상 인원 수

그래프 특징	• The vertical/horizontal axis represents/shows A. 세로축/가로축은 A를 나타냅니다./보여줍니다. * 세로축, 가로축 정보는 주로 그래프 왼쪽/오른쪽에 나와있음 • The highest/lowest bar is A. 가장 높은/낮은 바는 A입니다. • According to the graph,/Based on the graph,/From the graph, A placed first/last out of all. 이 그래프에 따르면,/그래프를 바탕으로,/그래프에서, A가 전체에서 가장 첫 번째를/마지막을 차지했습니다. • A is followed by B. B는 A 다음입니다. * 이어지는 순서의 요소를 설명할 때

파이 그래프

설명 도입부	• This is a pie graph about 주제(제목). 이것은 ~에 관한 파이 그래프입니다. • This is a pie graph that shows 주제(제목). 이것은 ~을 보여주는 파이 그래프입니다. • This pie graph is about 주제(제목). 이것은 ~에 관한 파이 그래프입니다. • It was surveyed among A. A를 대상으로 설문 조사가 진행되었습니다. *A는 보통 그래프에 수치로 주어짐 예 조사 대상 인원 수
그래프 특징	• Each portion represents/shows A. 각 부분은 A를 나타냅니다./보여줍니다. * 각 비율이 나타내는 요소를 설명할 때 사용 • A accounts for/takes up about OO percent. A는 OO%를 차지하고 있습니다. • According to the graph,/Based on the graph,/From the graph, A placed first/last with OO percent. 이 그래프에 따르면,/그래프를 바탕으로,/그래프에서, A가 전체에서 OO%로 가장 첫 번째를/마지막을 차지했습니다. • A is followed by B. B는 A 다음입니다. * 이어지는 순서의 요소를 설명할 때 • The smallest/largest portion is A. 가장 작은/큰 부분은 A입니다.

라인 그래프

설명 도입부	• This is a line graph about 주제(제목). 이것은 ~에 관한 라인 그래프입니다. • This is a line graph that shows 주제(제목). 이것은 ~을 보여주는 라인 그래프입니다. • This line graph is about 주제(제목). 이것은 ~에 관한 라인 그래프입니다. • It was surveyed among A. A를 대상으로 설문 조사가 진행되었습니다. *A는 보통 그래프에 수치로 주어짐 예 조사 대상 인원 수
그래프 특징	• According to the graph,/Based on the graph,/From the graph, A placed first/last out of all. 이 그래프에 따르면,/그래프를 바탕으로,/그래프에서, A가 전체에서 가장 첫 번째를/마지막을 차지했습니다. • A showed the highest/lowest B. A가 가장 높은/낮은 수치로 B를 보여줍니다. • The biggest jump(drop) was from A to B. 가장 큰 상승률(하락률)은 A부터 B입니다. • A increased/deceased from C to D. A는 C부터 D까지 증가했습니다./감소했습니다. • It dropped(jumped) dramatically from A to B. A에서 B까지 극적으로 급락(급등)했습니다. • It increased/decreased gradually from A to B. A에서 B까지 완만하게 증가했습니다./감소했습니다. • Not much difference can be seen from A to B. A에서 B까지는 큰 차이가 없는 것을 볼 수 있습니다. * 패턴의 A, B, C, D의 정보는 주로 그래프 왼쪽, 오른쪽에 주어짐

4. 사진 설명하기

❶ 전략

사진 묘사하기

묘사할 부분을 정확히, 최대한 상세하게 하는 것이 중요

① 장소 ➡ ② 처음 보이는 대상 ➡ ③ 중심 인물 특징
➡ ④ 주변 대상 특징 ➡ ⑤ 마무리

사진 비교하기

주로 2개의 사진이 주어지며, 각 사진의 단순 묘사뿐만 아니라 두 사진을 비교 및 대조하고 둘 중 선호하는 바가 무엇인지 혹은 장단점이 무엇인지 묻기도 함

① 공통점 찾기 ➡ ② 왼쪽 사진 특징 ➡ ③ 왼쪽 사진 장/단점
➡ ④ 오른쪽 사진 특징 ➡ ⑤ 오른쪽 사진 장/단점

선호하는 것 고르기

2개 혹은 4개의 사진이 주어지며, 그 중 가장 선호하는 것을 골라 답변해야 하며, 주어진 사진들에 대한 묘사를 할 필요는 없지만 선호하는 이유를 폭넓은 어휘나 문장을 사용하여 답변해야 고득점 획득 가능

① 선호하는 것 ➡ ② 이유 있음 ➡ ③ 이유 1
➡ ④ 이유 2 ➡ ⑤ 이유 3/마무리

물건 팔기

주어진 물건의 판매자가 되어 물건을 파는 상황극을 해야 하는 문제 유형, 물건의 장점을 한두 가지 빠르게 파악한 후, 관련 어휘와 패턴을 사용

① 인사 ➡ ② 권유 문구 ➡ ③ 장점 1
➡ ④ 장점 2 ➡ ⑤ 장점 3/마무리

❷ 만능 템플릿

사진 묘사하기

구도	• On the right/left (side of the picture), (사진의) 오른쪽/왼쪽(편)에, • In the middle (of the picture), (사진의) 가운데에, • In the background/foreground (of the picture), (사진의) 배경에/앞쪽에, • At the top/bottom, 맨 위/아래에, • A is next to B. A는 B 옆에 있습니다. • A is in front of B. A는 B 앞에 있습니다. • A is behind B. A는 B 뒤에 있습니다.

서론
(장소 및
처음 보이는 대상)
	• This picture was taken at(in) a(an) 장소.
	  이 사진은 ~에서 찍혔습니다.
	• This is a picture of a(an) 장소.
	  이것은 ~의 사진입니다.
	• This picture was taken indoors/outdoors.
	  이 사진은 실내/야외에서 찍혔습니다.
	• The first thing I (can) see is A.
	  제일 처음에 보이는 것은 A입니다.
	• What I see first is A.
	  A가 가장 처음으로 보입니다.

본론
(중심 대상 묘사)
	• I (can) see A + [동사ing/동사p.p].
	  A가 ~하는/~되어있는 것이 보입니다.
	• There is(are) A + [동사ing/동사p.p].
	  ~하고 있는/~되어 있는 A가 있습니다.
	• 주어 + be동사 + 동사ing.
	  ~가 ~하는 중입니다.
	• I (can) see A who(that) is(are) 동사ing.
	  A가 ~을 하고 있는 것이 보입니다.
	• I (can) see A who looks like 명사.
	  A가 ~처럼 보입니다.

결론 (마무리)	• It seems like 주어+동사. ~가 ~을 하는 것 처럼 보입니다.

사진 비교하기

공통점	• Both pictures show/depict/represent A. 두 사진 모두 A를 보여줍니다/묘사합니다/나타냅니다. • Both look 형용사. 두 사진 모두 ~해 보입니다.
차이점	• On the right/left (of the picture), 주어 + 동사. 사진의 오른쪽/왼쪽에는, ~가 ~을 합니다. • On the right/left, I see (there is/are) A. 오른쪽/왼쪽에는, A가 있는 것이 보입니다. • Contrary to A, 주어 + 동사. A와는 반대로, ~가 ~을 합니다. • Compare to A on the right/left, A looks 형용사 비교급. 오른쪽/왼쪽의 A와 비교하면, A는 더 ~해 보입니다.

선호하는 것 고르기

도입부	• Out of all of them, I like A the most. 모든 것들 중에서, 저는 A를 가장 좋아합니다. • Out of all the given picture, I'd choose A. 주어진 모든 사진 중에서, 저는 A를 선택하고 싶습니다.
이유 설명	• I have a few reasons why. 몇 가지 이유가 있습니다. • There are a few reasons for it. 그것에는 몇 가지 이유가 있습니다. • First of all, I'm a type of person who 동사. 우선, 저는 ~하는 편입니다. • I personally prefer to 동사1 than 동사2. 저는 개인적으로 ~(동사2)하는 것보다 ~(동사1)하기를 선호합니다. • I personally prefer 명사1 to 명사2. 저는 개인적으로 ~(명사1)을 ~(명사2)보다 선호합니다.

물건 팔기

인사말 및 권유문구	• Thanks for giving me the chance to introduce A to you. A를 소개할 기회를 주셔서 감사합니다. • It's my honor to show/present A to you. A를 보여드리게 되어 영광입니다. • I really appreciate you giving me the chance to show/present A to you. A를 소개할 기회를 주셔서 정말 감사합니다. • If you're looking for A, I guarantee you that this is the perfect product for you. ~할 A를 찾고 있다면, 이 상품이 완벽할 것이라고 보장합니다.
이유 설명	• It is 형용사 for 목적어 to 동사. 이것은 ~하기에 ~합니다. • All you have to/need to do is just 동사. ~하기만 하면 됩니다. • It's so 형용사/부사 that 주어 + 동사. 이것은 매우 ~해서 ~가 ~합니다.
마무리	• Please feel free to ask me if you have any questions. 궁금하신 점 있으시면 편하게 물어봐 주세요. • Do not hesitate to buy this product. 이 제품을 사는 것을 망설이지 마세요. • Do not miss this chance! 이 기회를 놓치지 마세요!

CHAPTER

3

실전 모의고사
문제

Actual Test 1

Q1 Describe your routine after you get off from work.
퇴근 후의 일상 생활을 이야기해 주세요.

Q2 You will listen to the story twice. Please summarize it as much as you can.
같은 이야기를 두 번 들려 드립니다. 가능한 한 많은 내용을 요약해 주세요.

> Everyone dreams of being beautiful, and for most, beauty starts with a perfect face, balanced and blemish-free. But sometimes, imperfections are also considered beautiful. For example, dimples improve a gorgeous smile by making the face look cute and charming, and most cultures regard them as beauty marks. The thing is, dimples are actually imperfections caused by a flaw in a muscle under the cheek. A dimple is formed when the muscle divides into two parts. So perfection isn't always the most desirable quality when it comes to beauty!

Q3 Do you agree with the government controlling media through censorship?
정부가 검열 제도를 통해 언론을 통제하는 것에 동의하나요?

Q4 Please describe the graph in as much detail as you can.
그래프를 할 수 있는 만큼 자세히 설명해 주세요.

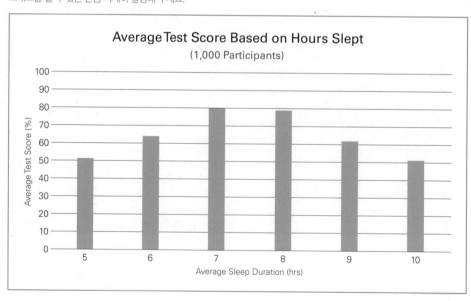

Actual Test 2

Q1 What did you do yesterday (last night)?
어제 (어젯밤에) 무엇을 했나요?

Q2 You will listen to the story twice. Please summarize it as much as you can.
같은 이야기를 두 번 들려 드립니다. 가능한 한 많은 내용을 요약해 주세요.

> A major hat company sent two of its top salespeople to a distant part of the country to sell its best-selling line of hats. After a few days, the sales director called both to see how it was going. The first salesperson he spoke to sounded worried. "It's the strangest thing," he said, "but I don't think we can do any business here. The people here don't wear hats!" The director was concerned but told him to keep trying. After that, he spoke with the second salesperson. He sounded excited. "It's unbelievable, but we should be able to do a lot of business here," he said. "The people here don't wear hats!"

Q3 The number of emigrants in a city has been increasing for the past 2 years.
How would you solve this problem?
도시 내 이민자 숫자가 지난 2년 동안 계속 증가해 오고 있습니다. 이 문제를 어떻게 해결할 수 있을까요?

Q4 Out of 4 pictures, which is the best way to spend your leisure time?
네 개의 그림 중에서, 어느 것이 당신의 여가 시간을 보내는 가장 좋은 방법인가요?

Actual Test 3

Q1 What's your favorite fruit?
가장 좋아하는 과일이 뭔가요?

Q2 You will listen to the story twice. Please summarize it as much as you can.
같은 이야기를 두 번 들려 드립니다. 가능한 한 많은 내용을 요약해 주세요.

> It is commonly held among Koreans that someone's ABO blood type corresponds with their personality. For instance, people with type O blood type are supposedly tolerant and well-rounded. This belief is so prevalent in Korean society that some Koreans are shocked to learn that people from other countries might not even know their own blood type. But of course, this pseudoscience is not backed up by any evidence. Nonetheless, the idea remains popular in Korean culture.

Q3 Although there are many kinds of technologies, what is a less used technology?
많은 종류의 기술이 존재하기는 하지만, 무엇이 덜 활용되는 기술인가요?

Q4 If you were to open a hotel, which would be the best location out of all the given places?
만일 호텔을 개업하게 된다면, 다음에 주어진 모든 곳들 중에서 어느 곳이 가장 좋은 장소일 것 같은가요?

Actual Test 4

Q1 Please tell me about your last vacation. Where did you go and what did you do?
지난번 휴가에 관해 이야기해 주세요. 어디에 갔으며 무엇을 했나요?

Q2 You will listen to the story twice. Please summarize it as much as you can.
같은 이야기를 두 번 들려 드립니다. 가능한 한 많은 내용을 요약해 주세요.

> Chloe is a world-famous actress who has starred in numerous films. Most people assume that her life must be fantastic, but oftentimes, it is anything but. Chloe has a hectic schedule with filming all around the world, so she rarely spends time with her family. Her manager carefully plans her strict diet and intense workouts so that she can keep up with Hollywood's impossible standard of beauty. Frequently sick, Chloe takes a variety of prescription medicine. She has suffered multiple panic attacks and struggles to cope with the constant criticism that accompanies fame. Sometimes the pressure is overwhelming, but she must always smile for the camera.

Q3 Do you think it's a good idea to require students to choose their major before entering university?
학생들에게 대학 입학 전에 전공을 선택하도록 할 필요가 있다는 것이 좋은 아이디어라고 생각하나요?

Q4 Please describe the graph in as much detail as you can.
가능한 한 상세하게 그래프를 설명해 주세요.

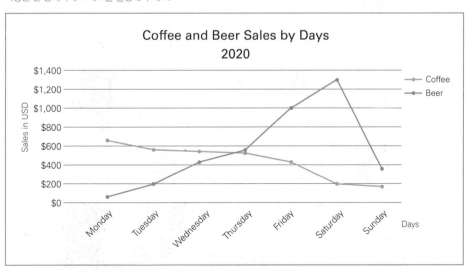

Actual Test 5

Q1 How often do you listen to music?
얼마나 자주 음악을 듣나요?

Q2 You will listen to the story twice. Please summarize it as much as you can.
같은 이야기를 두 번 들려 드립니다. 가능한 한 많은 내용을 요약해 주세요.

> Feeling angry is a natural part of life. It is unavoidable, yet most people believe becoming angry reflects a poor character. Aristotle, for one, would disagree. He argued that anger—if it is handled well—can be beneficial, and he provided some guidelines for constructive anger. First, your anger should be directed at the correct person. Second, your anger should be controlled. After that, you should be angry in a respectable manner. In other words, you should not let your anger be an excuse for shameful actions. Finally, and perhaps most importantly, you should be angry for a good reason.

Q3 Nowadays, credit cards are the most common payment method in the world. What's more, some places like parking lots do not even accept cash anymore. What is your opinion on this matter?
요즘, 신용카드가 세계에서 가장 흔한 지불 수단입니다. 더구나, 주차장 같은 곳들은 심지어 더 이상 현금을 받지도 않고 있습니다. 이 문제에 대해 어떻게 생각하나요?

Q4 Please describe the picture in as much detail as you can.
가능한 한 상세하게 사진을 설명해 주세요.

Actual Test 6

Q1 What are you going to do this weekend?
이번 주말에 무엇을 할 예정인가요?

Q2 You will listen to the story twice. Please summarize it as much as you can.
같은 이야기를 두 번 들려 드립니다. 가능한 한 많은 내용을 요약해 주세요.

> Ethan received an email from one of his clients, Ms. Nichols at Ontario Solutions, in the middle of the night. In the email, Ms. Nichols explained how she needed their banking information to be updated due to some internal reorganization. Ethan didn't think much about it and changed the account number in his company's records. Then, a few days later, Ethan transferred a monthly payment to Ontario Solutions for $21,000. However, Ethan didn't get any confirmation of the transaction, and Ms. Nichols said that she had yet to receive the payment. She was also unaware of the email Ethan had been sent. It was then that Ethan realized that he had been scammed.

Q3 Which do you prefer, having many options or few options? Suppose you are at Baskin-Robbins. Do you pick many flavors or just few?
선택권이 많은 것과 소수만 있는 것 중에서 어느 것을 선호하나요? 배스킨 라빈스에 와 있다고 가정해 보세요. 여러 가지 맛을 고르나요, 아니면 단지 소수만 고르나요?

Q4 Please compare and contrast these two pictures.
다음 두 사진을 비교하고 대조해 주세요.

Actual Test 7

Q1
How are you feeling today?
오늘 컨디션이 어떤가요?

Q2
You will listen to the story twice. Please summarize it as much as you can.
같은 이야기를 두 번 들려 드립니다. 가능한 한 많은 내용을 요약해 주세요.

> When someone fails, they are usually told that it's OK, and that each failure is a learning opportunity. This sounds nice, but it might not actually be true, according to recent studies. We likely learn more through success, since success brings rewards. For example, hitting a homerun is a momentous occasion for a baseball player. The batter smashes the ball, and the crowd cheers. The batter's brain registers this reaction and will try to repeat the same process that led to success. This is why players sometimes hit multiple homeruns in a single game. The brain is already on track to repeat success—it isn't just luck. Our brains recognize paths to success, even if we don't.

Q3
Of education and experience, which do you think is more important in hiring?
학력과 경력 중에서, 어느 것이 고용 과정에서 더 중요하다고 생각하나요?

Q4
Please describe these 2 pie charts in as much detail as you can.
2개의 파이 그래프를 할 수 있는 만큼 자세히 설명해 주세요.

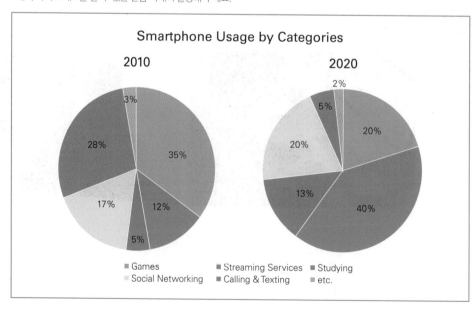

Smartphone Usage by Categories

2010

2020

■ Games   ■ Streaming Services ■ Studying
■ Social Networking ■ Calling & Texting ■ etc.

Actual Test 8

Q1 What food do you like to eat for dinner?
저녁으로 어떤 음식을 먹고 싶은가요?

Q2 You will listen to the story twice. Please summarize it as much as you can.
같은 이야기를 두 번 들려 드립니다. 가능한 한 많은 내용을 요약해 주세요.

> Laura's brother was getting married to his German girlfriend, and the wedding was held in Germany. The ceremony was beautiful, but then something odd happened during the reception. The guests grabbed their ceramic plates and shattered them on the floor. Laura had no idea what was happening. She thought everyone was angry, but they were laughing and smiling. Once the floor was covered with broken plates, her brother and his new wife began cleaning up all the pieces. Another guest noticed Laura's confusion and explained that it was a German wedding tradition. By cleaning up such a huge mess, the couple proved that they could work together. It meant that they would have a happy marriage.

Q3 Today, the life expectancy of humans has increased. How do you think it will impact the economy?
오늘날, 인간의 기대 수명은 증가해 왔습니다. 그것이 경제에 어떻게 영향을 미칠 것이라고 생각하나요?

Q4 Which way do you prefer when you have a meeting?
회의를 할 때 어느 방법을 더 선호하나요?

Actual Test 9

Q1
Which website do you visit the most?
어느 웹사이트를 가장 많이 방문하나요?

Q2
You will listen to the story twice. Please summarize it as much as you can.
같은 이야기를 두 번 들려 드립니다. 가능한 한 많은 내용을 요약해 주세요.

> We all believe that as technology improves, so too do our lives. While this is true in many ways, a recent study in the UK revealed that technology is also negatively impacting our minds. The study found that people today, who have access to cutting-edge technology, have worse memories than people had previously. Some surprising statistics support this conclusion. Around two-thirds of UK residents could not remember the birthdays of their family members. Additionally, only a quarter of the residents could recall their own home phone numbers. Nowadays, it appears that technology is doing our thinking for us. As a result, our minds are getting weaker.

Q3
Instead of putting money into savings account, today's generation invests in real estate, stock market, and cryptocurrency. What could be the cause of this?
저축 계좌에 돈을 넣어 두는 대신, 요즘 세대는 부동산과 주식 시장, 그리고 암호 화폐에 투자합니다.
무엇이 그 원인일 수 있을까요?

Q4
Which location do you think would be better to open a convenience store?
어느 장소가 편의점을 열기에 더 나을 것이라고 생각하나요?

Actual Test 10

Q1 What kind of clothing do you like to wear?
어떤 종류의 옷을 입기를 좋아하나요?

Q2 You will listen to the story twice. Please summarize it as much as you can.
같은 이야기를 두 번 들려 드립니다. 가능한 한 많은 내용을 요약해 주세요.

> Volunteering benefits your community, but it also benefits you, too. By volunteering, you will likely feel more fulfilled and happier. You will also have numerous opportunities to meet different groups of people and start new friendships. At the same time, you can learn useful new skills. Volunteering will also make you feel like a contributing member of society, and seeing how your contributions help people will grant you a sense of purpose and responsibility. Overall, volunteering simply makes you a better person. You will be more grateful for what you have and more compassionate toward the needs of others. By helping others, you are also helping yourself.

Q3 Some say that cars that run on fossil fuel must be banned immediately to protect our environment. What do you think?
어떤 사람들은 우리 환경을 보호하기 위해 반드시 화석 연료로 달리는 자동차가 즉각적으로 금지되어야 한다고 말합니다. 어떻게 생각하나요?

Q4 Please describe the graph in as much detail as you can.
가능한 한 상세하게 그래프를 설명해 주세요.

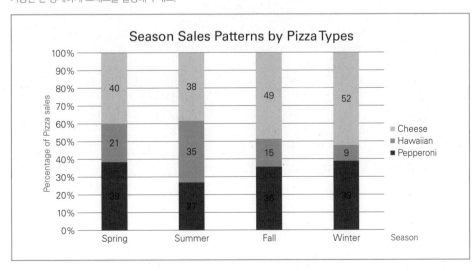

실전 모의고사
모범 답변 및 해설

Actual Test 1

송쌤의 총평 듣기 ▷

문제 구성

Q1
개인 질문

주제 일상 [현재]

질문 퇴근 후 일상 생활

난이도 ★ ★

송쌤의 답변 TIP | 과거의 일을 말할 때는 시제에 유의해서 답변

Q2
지문 요약하기

주제 단순 요약

지문 내용 아름다움의 기준

ㄴ 추가질문 성형 수술을 하는 사람들에 대한 생각 50점+

난이도 ★ ★ ★ ★

송쌤의 답변 TIP | 지문에 나온 단어나 표현을 그대로 활용하여 답변

Q3
의견을 묻는
질문

주제 찬성/반대

질문 정부의 언론 검열 제도

난이도 ★ ★ ★ ★

송쌤의 답변 TIP | 관련 어휘 및 표현을 익히는 것이 중요 포인트

Q4
그래프
묘사하기

주제 바 그래프

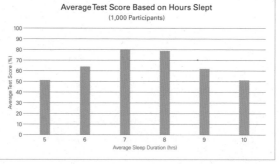

난이도 ★ ★ ★

송쌤의 답변 TIP | 바 그래프 이해 및 특징 파악 하여 답변

- **There are (not) many things 주어 + 동사.**

  ~가 ~을 하는 일이 많습니다. (많지 않습니다.)

  There are not many things I do after work.

- **I try to 동사.**

  ~을 하려고 합니다.

  I try to spend some time with my family.

▷▷ Q1

- **There's not much to talk about regarding A.**

  A와 관련해 할 이야기가 많지 않습니다.

  To my shame, there's not much to talk about regarding what I do after getting off from work.

- **By the time 주어 + 동사, ~.**

  ~가 ~을 할 때쯤에, ~.

  By the time I get home from work, I'm already exhausted.

- **look 형용사**

  ~해 보인다

  Everyone wants to be perfect so they can look good.

▷▷ Q2

- **make 목적어 동사/형용사.**

  ~을 ~하도록 만듭니다.

  Imperfections can make people look good too.

- **I have a couple of(a few) reasons for it(this).**
  저는 이에 대한 몇 가지 이유가 있습니다.

  I do not agree with media censorship and I have a couple of reasons for this.

- **A is deprived of B.**
  A는 B를 박탈당했습니다.

  No one should be deprived of the right to express what they think.

▶▶ Q3

- **주어 have the right to 동사.**
  ~는 ~할 권리가 있습니다.

  Everyone must have the right to express their opinions.

- **This is a bar graph about 주제(제목).**
  이것은 ~에 관한 바 그래프입니다.

  This is a bar graph about the average test scores based on hours slept.

▶▶ Q4

- **The vertical axis represents A and the horizontal axis represents B.**
  세로축은 A를 나타내며, 가로축은 B를 나타냅니다.

  The vertical axis represents the average test scores and the horizontal axis represents the average sleep duration.

필수 패턴 적용해 보기

앞서 배운 필수 패턴을 활용하여 나만의 답변을 만들어 보세요.

- **There are (not) many things 주어 + 동사.**

  _____

- **I try to 동사.**

  _____

- **There's not much to talk about regarding A.**

  _____

- **By the time 주어+동사, ~.**

  _____

- **look 형용사**

  _____

- **make 목적어 동사/형용사.**

  _____

- **A is deprived of B.**

  _____

- **주어 have the right to 동사.**

  _____

- **This is a bar graph about 주제(제목).**

  _____

- **The vertical axis represents A and the horizontal axis represents B.**

  _____

MP3 AT1_1

Q1 Describe your routine after you get off from work.

퇴근 후의 일상 생활을 이야기해 주세요.

브레인 스토밍

하는게 많지 않음 ➡ 대부분 쉬며 시간을 보냄 [50점+] ➡ 집으로 곧장 가서 TV 봄

➡ 생산적인 일 하려고 하지만 피곤함 ➡ 쉬는 방향으로 시간을 씀 [50점+]

 MP3 AT1_2

모범 답변 35+

There are not many things I do after work. I normally go right home and watch TV. I try to spend some time with my family or do something productive, but it's not as easy as it sounds... because I work until late at night many times. I always feel tired after work.

필수패턴 <u>핵심 내용</u>

제가 퇴근 후에 하는 일은 많지 않습니다. 보통 곧장 집으로 가서 TV를 봅니다. 가족과 함께 시간을 좀 보내거나 뭔가 생산적인 것을 하려 하기는 하지만, 말처럼 쉽지는 않은데… 밤늦게까지 일하는 경우가 많기 때문입니다. 퇴근 후에는 항상 피곤해 합니다.

어휘 get off from work 퇴근하다 after work 퇴근 후에 normally 보통, 일반적으로 go right home 곧장 집으로 가다 try to 동사원형 ~하려 하다 productive 생산적인 work until late night 밤늦게까지 일하다 feel tired 피곤해 하다

📢 송쌤의 5초 발음 특강

• exhausted [이그져-스티드]
  ex-ha x-h 발음은 z 발음으로 진동 소리가 나오도록 연습해 주세요.

모범 답변 50+

Well, to my shame, there's not much to talk about regarding what I do after getting off from work because.. I spend most of the time <u>getting some rest</u> after work. <u>By the time</u> I get home from work, <u>I'm already exhausted</u> and it keeps me from trying to <u>do something productive</u> such as <u>working out</u> or <u>spending some time with my family</u>. So, I tend to <u>spend my time</u> in a way to <u>relax myself</u> by <u>watching some TV programs</u> or <u>drinking beer</u>.

필수패턴 <u>핵심 내용</u>

- -

음, 아쉽게도, 제가 퇴근 후에 하는 일과 관련해 할 이야기가 많지는 않은데… 그 이유는 퇴근 후에는 대부분의 시간을 쉬는 데 보내기 때문입니다. 퇴근하고 집에 도착할 때쯤이면, 이미 녹초가 되어 버려서 운동을 한다거나 가족과 시간을 좀 보내는 것과 같은 생산적인 일을 하려 해도 그렇게 되지가 않습니다. 그래서, 저는 TV 프로그램을 좀 보거나 맥주를 마시면서 쉬는 방법으로 시간을 보내는 경향이 있습니다.

어휘 regarding ~와 관련해 spend time 동사ing ~하면서 시간을 보내다 get rest 쉬다, 휴식하다 by the time ~할 때쯤에 exhausted 녹초가 된, 기진맥진한 keep A from -ing A가 ~하는 것을 막다, ~하지 못하게 하다 such as ~와 같은 tend to do ~하는 경향이 있다 in a way to do ~하는 방법으로 relax oneself 쉬다, 휴식하다 by 동사ing ~하면서, ~하는 것으로

CHAPTER 4 Actual Test 1

송쌤의 5초 표현 특강
- not as easy as it sounds 말처럼 쉽지 않은
- to one's shame 아쉽게도, 안타깝게도, 부끄럽게도
- there's not much to 동사원형 ~하는 것이 많지 않다

Q2 You will listen to the story twice.
Please summarize it as much as you can.
같은 이야기를 두 번 들려 드립니다. 가능한 한 많은 내용을 요약해 주세요.

① Everyone dreams of being beautiful, and for most, beauty starts with a perfect face, balanced and blemish-free. But sometimes, ② imperfections are also considered beautiful. For example, ③ dimples improve a gorgeous smile by making the face look cute and charming, and most cultures regard them as beauty marks. The thing is, ④ dimples are actually imperfections caused by a flaw in a muscle under the cheek. A dimple is formed when the muscle divides into two parts. So ⑤ perfection isn't always the most desirable quality when it comes to beauty!

① 모든 사람은 아름다워지기를 꿈꾸며, 대부분의 경우, 아름다움은 균형이 잡혀 있고 티 없이 완벽한 얼굴에서 시작됩니다. 하지만 때로는, ② 불완전 요소가 아름다운 것으로 여겨지기도 합니다. 예를 들어, ③ 보조개는 얼굴을 귀엽고 매력적으로 보이게 만들어 아름다운 미소를 더욱 빛나게 해 주며, 대부분의 문화권에서 아름다움의 표시로 여깁니다. 문제는, ④ 보조개가 사실 볼살 내부의 근육에 존재하는 결함에 의해 발생되는 불완전 요소라는 점입니다. 보조개는 그 근육이 두 부분으로 나뉠 때 형성됩니다. 따라서 ⑤ 아름다움이라는 측면에 있어 완벽함이 항상 가장 호감 가는 특징은 아닙니다.

핵심내용 파악하기

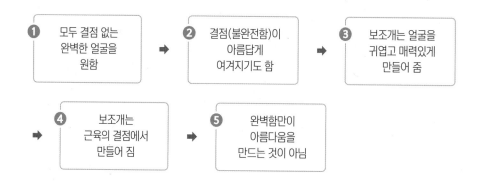

어휘 for most 대부분의 경우 balanced 균형이 잡힌 blemish-free 티 없는 imperfection 불완전 (요소) dimple 보조개 improve ~을 더 좋게 만들다, 향상시키다 gorgeous 아름다운, 아주 멋진 charming 매력적인 flaw 결함, 흠 muscle 근육 cheek 볼, 뺨 form ~을 형성하다 desirable 호감 가는, 바람직한 quality 특징

50점+ 고득점 Paraphrasing

❶

지문
Everyone dreams of being beautiful, and for most, beauty starts with a perfect face, balanced and blemish-free. But sometimes, imperfections are also considered beautiful.

50+
Although having a perfect face is regarded as being beautiful, imperfections are sometimes considered beautiful.
얼굴이 완벽해야 아름다운 것으로 여겨지기는 하지만 때로는 불완전 요소가 아름다운 것으로 여겨진다고 설명합니다.

❷

지문
Dimples improve a gorgeous smile by making the face look cute and charming, and most cultures regard them as beauty marks.

50+
People believe that dimples improve their smile because they look attractive and make their face gorgeous.
사람들은 보조개가 미소를 더욱 빛나게 해 준다고 생각하는데, 보조개가 매력적으로 보이는데다 얼굴을 아름답게 만들어 주기 때문입니다.

❸

지문
The thing is, dimples are actually imperfections caused by a flaw in a muscle under the cheek. A dimple is formed when the muscle divides into two parts

50+
However, dimples are in fact imperfections in our face caused by cheek muscles dividing into two parts.
하지만, 보조개는 실제로 우리 얼굴에서 볼 근육이 두 부분으로 나뉘면서 발생되는 불완전 요소입니다.

❹

지문
So perfection isn't always the most desirable quality when it comes to beauty!

50+
As a result, we can say that beauty doesn't necessarily come from perfection.
따라서, 아름다움이 반드시 완벽함에서 비롯되는 것은 아니라고 말할 수 있습니다.

CHAPTER 4 Actual Test 1

CHAPTER 4 Actual Test 1

듣기지문

① Everyone dreams of being beautiful, and for most, beauty starts with a perfect face, balanced and blemish-free. But sometimes, ② imperfections are also considered beautiful. For example, ③ dimples improve a gorgeous smile by making the face look cute and charming, and most cultures regard them as beauty marks. The thing is, ④ dimples are actually imperfections caused by a flaw in a muscle under the cheek. A dimple is formed when the muscle divides into two parts. So ⑤ perfection isn't always the most desirable quality when it comes to beauty!

① 모든 사람은 아름다워지기를 꿈꾸며, 대부분의 경우, 아름다움은 균형이 잡혀 있고 티 없이 완벽한 얼굴에서 시작됩니다. 하지만 때로는, ② 불완전 요소가 아름다운 것으로 여겨지기도 합니다. 예를 들어, ③ 보조개는 얼굴을 귀엽고 매력적으로 보이게 만들어 아름다운 미소를 더욱 빛나게 해 주며, 대부분의 문화권에서 아름다움의 표시로 여깁니다. 문제는, ④ 보조개가 사실 볼살 내부의 근육에 존재하는 결함에 의해 발생되는 불완전 요소라는 점입니다. 보조개는 그 근육이 두 부분으로 나뉠 때 형성됩니다. 따라서 ⑤ 아름다움이라는 측면에 있어 완벽함이 항상 가장 호감 가는 특징은 아닙니다.

모범 답변 35+

This passage is about beauty. According to the passage, everyone wants to be perfect so they can look good. However, imperfections can make people look good too, and one of the examples is dimples. Originally, dimples are caused by imperfections but they make people look charming. So, imperfections can make people look beautiful as well!

필수패턴

이 이야기는 아름다움에 관한 것입니다. 이야기 내용에 따르면, 모든 사람이 외모가 좋아 보일 수 있도록 완벽해지기를 원합니다. 하지만, 불완전 요소도 사람들의 외모가 좋아 보이도록 만들어 줄 수 있으며, 그 예시들 중의 하나가 보조개입니다. 원래, 보조개는 불완전 요소에 의해 발생되지만, 사람들을 매력적으로 보이게 만들어 줍니다. 따라서, 불완전 요소도 사람들을 아름다워 보이게 만들어 줄 수 있습니다!

어휘 according to ~에 따르면 so (that) ~할 수 있도록 however 하지만 originally 원래, 애초에 as well ~도, 또한

송쌤의 5초 발음 특강

- perfect [펄f-펙]
  p 와 f 발음을 구분해 주세요. P는 우리나라의 ㅍ 소리로 입술과 입술이 맞닿는 소리, f 는 윗니가 아랫입술을 물어 공기 소리가 나게 힘을 주어 발음합니다.
- example [이그젬-쁠]
- dimple [딤-쁠]
- cheek [취이-크]
- necessarily [네쎄써뤨-리]

모범답변 50+

This passage describes that although having a perfect face is regarded as being beautiful, imperfections are sometimes considered beautiful. For example, people believe that dimples improve their smile because they look attractive and make their face gorgeous. However, dimples are in fact imperfections in our face caused by cheek muscles dividing into two parts. As a result, we can say that beauty doesn't necessarily come from perfection.

필수패턴

이 이야기는 얼굴이 완벽해야 아름다운 것으로 여겨지기는 하지만 때로는 불완전 요소가 아름다운 것으로 여겨진다고 설명합니다. 예를 들어, 사람들은 보조개가 미소를 더욱 빛나게 해 준다고 생각하는데, 보조개가 매력적으로 보이는데다 얼굴을 아름답게 만들어 주기 때문입니다. 하지만, 보조개는 실제로 우리 얼굴에서 볼 근육이 두 부분으로 나뉘면서 발생되는 불완전 요소입니다. 따라서, 아름다움이 반드시 완벽함에서 비롯되는 것은 아니라고 말할 수 있습니다.

고득점 추가 질문 및 답변 키워드

MP3 AT1_8

○ 질문   What do you think about people having plastic surgery?
성형 수술을 하는 사람들에 대해 어떻게 생각하나요?

○ 답변 키워드   personal rights 개인의 권리
can't deprive people of their freedom/rights 사람들의 자유/권리를 박탈할 수 없다
a basic need to look good 외모가 좋아 보이고 싶은 기본적인 욕구
as long as one is satisfied 자신이 만족하는 한
that's all that matters 그것이 가장 중요한 부분이다

어휘 describe ~을 설명하다   be regarded as ~으로 여겨지다   attractive 매력적인   however 하지만   in fact 실제로, 사실   as a result 따라서, 결과적으로   not necessarily 반드시 ~는 아니다   come from ~에서 비롯되다

송쌤의 5초 표현 특강

- be considered A   A한 것으로 여겨지다
- there's not much to 동사원형   ~하는 것이 많지 않다
- by 동사ing   ~하면서, ~하는 것으로
- make A 동사원형   A를 ~하게 만들다
- look A   A하게 보이다
- regard A as B   A를 B로 여기다
- The thing is   문제는, 사실은
- caused by   ~에 의해 발생되는, 야기되는
- divide into   ~로 나뉘다
- when it comes to A   A라는 측면에 있어, A와 관련해서는

Q3
Do you agree with the government controlling media through censorship?

정부가 검열 제도를 통해 언론을 통제하는 것에 동의하나요?

브레인 스토밍

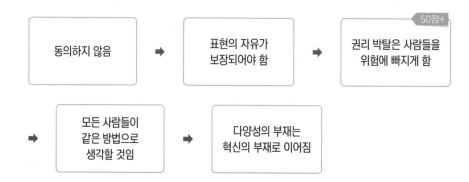

50점+

동의하지 않음	➡ 표현의 자유가 보장되어야 함	➡ 권리 박탈은 사람들을 위험에 빠지게 함

➡ 모든 사람들이 같은 방법으로 생각할 것임 ➡ 다양성의 부재는 혁신의 부재로 이어짐

모범 답변 35+

No, I <u>don't agree</u> for a few reasons. First, everyone must have the <u>right to express their opinions</u>. Second, if the government controls media, everyone will <u>start to think in the same way</u>. If that happens, we might <u>lose diversity</u>. We <u>need diversity for innovation</u>.

필수패턴 <u>핵심 내용</u>

- -

아뇨, 저는 몇 가지 이유로 동의하지 않습니다. 첫째, 모든 사람은 반드시 각자의 의견을 표현할 권리가 있어야 합니다. 둘째, 정부가 언론을 통제한다면, 모든 사람이 같은 방식으로 생각하기 시작할 것입니다. 그렇게 되는 경우, 우리는 다양성을 잃을 지도 모릅니다. 우리는 혁신을 위한 다양성이 필요합니다.

어휘 agree with ~에 동의하다 control ~을 통제하다, 조절하다 through ~을 통해 censorship 검열 have the right to do ~할 권리가 있다 express one's opinions ~의 의견을 표현하다 in the same way 같은 방식으로 diversity 다양성 innovation 혁신

🔊 송쌤의 5초 발음 특강

- opinion [오피-니언]
- diversity [다이벌-씨리]
  v 는 윗니가 아랫입술을 물어 공기소리가 나게 힘을 주어 발음합니다. B 발음과 구분되게 발음합니다.
- innovation [이노베이숀]
- deprived [디프롸-이브드]
- occur [어컬-]
- doom [두움]

🔊 MP3 AT1_11

모범 답변 50+

No, I <u>do not agree</u> with media censorship, and I have a couple of reasons for this. First and foremost, I believe <u>no one should</u> be deprived of <u>the right to express what they think</u> and to <u>get the information they seek.</u> If this right is violated, then it can potentially <u>lead people into dangerous situations</u>. Also, if the government censors media, its people will <u>start thinking only in the same way</u> and <u>lose diversity</u>. If a country lacks diversity, <u>no innovation will ever occur and the country will meet its doom.</u>

필수패턴 <u>핵심 내용</u>

- -

아뇨, 저는 언론 검열 제도에 동의하지 않으며, 이에 대한 몇 가지 이유가 있습니다. 먼저 가장 중요한 것으로, 모든 사람이 반드시 생각하는 바를 표현하고 원하는 정보를 얻을 권리를 박탈 당하지 말아야 한다고 생각합니다. 이 권리가 침해된다면, 잠재적으로 사람들을 위험한 상황에 이르게 할 수 있습니다. 또한, 정부가 언론을 검열하는 경우, 사람들이 오직 같은 방식으로만 생각하기 시작해 다양성을 잃게 될 것입니다. 국가에 다양성이 부족하다면, 혁신은 절대 일어나지 않으며, 그 국가는 비극적인 운명을 맞이할 것입니다.

> **어휘** be deprived of ~을 박탈 당하다, 빼앗기다 seek ~을 찾다, 구하다 violate ~을 침해하다, 위반하다 potentially 잠재적으로 situation 상황 censor ~을 검열하다 lack ~가 부족하다 occur 일어나다, 발생되다

 송쌤의 5초 표현 특강

- first and foremost 먼저 가장 중요한 것으로
- lead A into B A를 B에 이르게 하다, A를 B로 이끌다
- meet one's doom 비극적인 운명을 맞이하다, 종말을 맞다

CHAPTER 4
Actual Test 1

CHAPTER 4 Actual Test 1 63

Q4

Please describe the graph in as much detail as you can.
그래프를 할 수 있는 만큼 자세히 설명해 주세요.

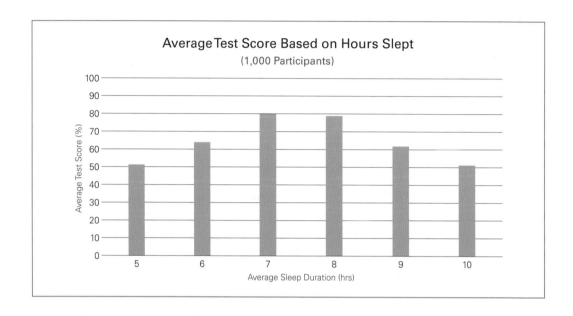

브레인 스토밍

그래프 파악

종류 bar graph 바그래프

그래프 제목

Average Test Scores Based on Hours Slept
수면 시간에 따른 평균 시험 점수

세로축 Percentage 퍼센트

가로축 Average Sleep Duration (hrs) 평균 수면 시간

특징 파악

가장 높은 수치 7 hours of sleep 7시간 수면

가장 낮은 수치 less than 5 hours of sleep 5시간 이하 수면
more than 10 hours of sleep 10시간 이상 수면

모범 답변 35+

This is a bar graph about **the average test scores based on hours slept. It was surveyed among 1,000 participants.** The vertical axis represents **the average test scores and** the horizontal axis represents **the average sleep duration.** According to the graph, **people who slept 7 hours got the highest score, and people who slept 5 and 10 hours got the lowest score on the test.**

필수패턴

이 막대 그래프는 수면 시간에 따른 평균 시험 점수에 관한 것입니다. 이는 1,000명의 참가자들 사이에서 조사되었습니다. 세로 축은 평균 시험 점수를 나타내며, 가로 축은 평균 수면 지속 길이를 나타냅니다. 이 그래프에 따르면, 7시간 수면한 사람들이 가장 높은 점수를 받았으며, 5시간과 10시간 수면한 사람들이 시험에서 가장 낮은 점수를 받았습니다.

어휘 in as much detail as you can 가능한 한 상세하게 based on ~에 따라, ~을 바탕으로 participant 참가자 average 평균의 duration 지속 길이, 지속 시간 bar graph 막대 그래프 survey ~을 조사하다 among ~ 사이에서 vertical axis 세로 축 represent ~을 나타내다 horizontal axis 가로 축 according to ~에 따르면 the highest score 가장 높은 점수 the lowest score 가장 낮은 점수

모범 답변 50+

This is a bar graph that shows **the average test scores based on hours slept among 1,000 participants.** The vertical axis represents **the average scores on the test and** the horizontal axis represents **average sleep duration in hours.** According to the graph, **participants who had 7 hours of sleep got the highest scores on the test. People whose sleep duration lasted 8 hours placed second on the test score. On the other hand, those who** had less than 7 hours of sleep or more than 8 hours of sleep did not do so well.

필수패턴

이 막대 그래프는 1,000명의 참가자들 사이에서 수면 시간에 따른 평균 시험 점수를 보여 줍니다. 세로 축은 시험 평균 점수를 나타내며, 가로 축은 시간 단위로 평균 수면 지속 길이를 나타냅니다. 이 그래프에 따르면, 7시간 수면한 참가자들이 시험에서 가장 높은 점수를 받았습니다. 수면 길이가 8시간 지속된 사람들은 시험 점수에서 2위를 차지했습니다. 반면에, 7시간 미만으로 수면하거나 8시간 넘게 수면한 사람들은 그렇게 잘 하지 못했습니다.

어휘 last ⑧ 지속되다 place second 2위를 차지하다 on the other hand 반면에, 한편 those who ~하는 사람들 less than ~ 미만으로 more than ~ 넘게 so well 그렇게 잘, 아주 잘

Actual Test 2

송쌤의 총평 듣기 ▷

문제 구성

Q1
개인 질문

주제 일상 [과거]

질문 어제 한 일

난이도 ★ ★

송쌤의 답변 TIP 시제의 일관성을 유의하며 답변

Q2
지문 요약하기

주제 스토리텔링

지문 내용 모자 회사 영업사원 이야기

└ 추가질문 당신이 같은 상황에 처해 있다면 어떻게 할 것인지 50점+

난이도 ★ ★ ★

송쌤의 답변 TIP 전체적인 이야기의 흐름을 파악하며 듣는 것이 중요

Q3
의견을 묻는 질문

주제 문제 해결

질문 이민자 수 증가에 따른 해결 방안

└ 추가질문 다른 나라로 이민 가보고 싶었던 적이 있는지 50점+

난이도 ★ ★ ★ ★

송쌤의 답변 TIP 일반적인 문제 해결 방안을 고려하며 답변

Q4
사진 설명하기

주제 여가 시간을 보내는 가장 좋은 방법

난이도 ★ ★

송쌤의 답변 TIP 현재 시제 사용, 적절한 이유 제공하며 답변

66   시원스쿨 SPA 실전 모의고사

필수 패턴

- **In order to 동사, ~.**
  ~을 하기 위해, ~.
  I need to get a good score in order to get promoted.

- **주어 literally 동사.**
  ~가 말 그대로 ~을 합니다.
  I literally didn't do anything special except working.

▶▶ Q1

- **주어1 + 동사1 to see if 주어2 + 동사2.**
  ~(주어1)가 ~(동사1)할 때는 ~(주어2)이 ~(동사2)하는 것이 있는지 확인해봅니다.
  I browsed through YouTube to see if there were any clips that looked fun.

- **On the other hand, 주어 + 동사.**
  반면에, ~는 ~을 했습니다.
  On the other hand, the second salesperson is excited and expects the business to boom.

▶▶ Q2

- **In this manner, 주어 + 동사.**
  이런 식으로, ~이 ~합니다.
  In this manner, we can learn that different perspectives can bring totally different outcomes.

필수 패턴

- **In order to 동사, ~.**

  ~을 하기 위해, ~.

  In order to find solutions to a problem, it is important to figure out the main cause of the problem.

- **It's a good idea to 동사.**

  ~을 하는 것은 좋은 아이디어입니다.

  It's a good idea to ask those people who are planning to leave.

  ▶▶ Q3

- **That way, 주어 + 동사.**

  그렇게 하면, ~이 ~합니다.

  That way, I believe I could know what caused people to leave the city.

- **I strongly believe that in order to 동사~, ~ .**

  ~을 하기 위해서는, ~ 라고 굳게 믿습니다.

  I strongly believe that in order to have a successful life, I need a balance between work and relaxation.

  ▶▶ Q4

- **A would be one of the best ways for 목적어 to 동사.**

  A는 ~가 ~을 하는 가장 좋은 방법들 중 하나입니다.

  Going on a trip would be one of the best ways for me to get relaxed.

필수 패턴 적용해 보기

앞서 배운 필수 패턴을 활용하여 나만의 답변을 만들어 보세요.

- **In order to 동사, ~.**

  _____

- **주어 literally 동사.**

  _____

- **주어1 + 동사1 to see if 주어2 + 동사2.**

  _____

- **On the other hand, 주어 + 동사.**

  _____

- **In this manner, 주어 + 동사.**

  _____

- **It's a good idea to 동사.**

  _____

- **That way, 주어 + 동사.**

  _____

- **주어 have the right to 동사.**

  _____

- **I strongly believe that in order to 동사~, ~ .**

  _____

- **A would be one of the best ways for 목적어 to 동사.**

  _____

Q1

What did you do yesterday (last night)?
어제 (어젯밤에) 무엇을 했나요?

브레인 스토밍

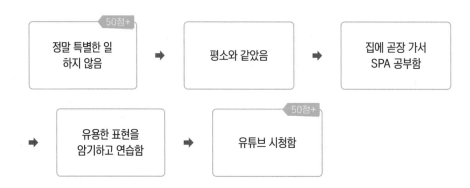

모범 답변 35+

Yesterday was just another day. I worked in my office as usual and went right home after work. And I studied for this test because I need to get a good score in order to get promoted. I memorized some expressions and practiced a lot.

필수패턴 <u>핵심 내용</u>

- -

어제도 그저 똑같은 하루였습니다. 평소와 같이 사무실에서 일한 다음, 퇴근 후에 곧장 집으로 갔습니다. 그리고 이 시험에 대비해 공부했는데, 승진하기 위해 좋은 점수를 받아야 하기 때문입니다. 몇몇 표현들을 암기하고 많이 연습했습니다.

> **어휘** just another day 그저 똑 같은 하루   as usual 평소와 같이, 늘 그렇듯이   go right home 집으로 곧장 가다   after work 퇴근 후에   study for ~에 대비해 공부하다   need to do ~해야 하다, ~할 필요가 있다   get a good score 좋은 점수를 받다   in order to do ~하기 위해   get promoted 승진되다   memorize ~을 암기하다, 기억하다   expression 표현   practice 연습하다

> **📢 송쌤의 5초 발음 특강**
>
> - usual [유-쥬얼]
> - literally [리르럴리]
>   중간 t 를 ㄹ로 발음하기 어려운 경우에는, t 발음을 살려도 좋습니다. [리터럴리]
> - exception [익쎕-숀]

모범 답변 50+

Well, my answer might sound really boring…but I literally didn't do anything special except working, which I have to do every day. After work, I go straight home and get relaxed by watching some news on normal days, and yesterday was not an exception except for one thing, which I was studying for this SPA test. I went over the books that I bought to prepare for the SPA test, and tried to memorize some useful expressions that could be used when I answer questions. Right before going to bed, I browsed through YouTube to see if there were any clips that looked fun.

필수패턴 <u>핵심 내용</u>

- -

음, 제 답변이 정말 따분하게 들릴 지도 모르겠지만… 말 그대로 매일 해야 하는 회사 일을 제외하면 어떤 특별한 일도 하지 않았습니다. 평소에는 퇴근 후에 곧장 집으로 가서 뉴스를 좀 보면서 휴식하며, 한 가지를 제외하고는 어제도 예외는 아니었는데, 바로 이 SPA 시험에 대비해 공부를 한 것이었습니다. SPA 시험을 준비하기 위해 구입한 책들을 살펴 보면서, 질문에 대답할 때 사용할 수 있는 몇몇 유용한 표현을 암기하려 했습니다. 잠자리에 들기 직전에는, 재미 있어 보이는 어떤 동영상이라도 있는지 확인해 보기 위해 유튜브를 여기저기 둘러 봤습니다.

어휘 sound boring 따분하게 들리다, 지루하게 들리다 literally 말 그대로 except (for) ~을 제외하고, ~ 외에는 go straight home 곧장 집으로 가다 get relaxed 휴식하다, 쉬다 on normal days 평소에는 exception 예외 go over ~을 살펴 보다, 검토하다 prepare for ~을 준비하다, ~에 대비하다 try to do ~ 하려 하다 useful 유용한 right before ~ 직전에 go to bed 잠자리에 들다 see if ~인지 확인해 보다, 알아 보다 clip 동영상 look fun 재미 있어 보이다

 송쌤의 5초 표현 특강

• by 동사ing   ~하면서, ~하는 것으로
• browse through   ~을 여기저기 둘러 보다

Q2

You will listen to the story twice.
Please summarize it as much as you can.

같은 이야기를 두 번 들려 드립니다. 가능한 한 많은 내용을 요약해 주세요.

MP3 AT2_5

① A major hat company sent two of its top salespeople to a distant part of the country to sell its best-selling line of hats. After a few days, the sales director called both to see how it was going. ② The first salesperson he spoke to sounded worried. ③ "It's the strangest thing," he said, "but I don't think we can do any business here. The people here don't wear hats!" The director was concerned but told him to keep trying. After that, ④ he spoke with the second salesperson. He sounded excited. ⑤ "It's unbelievable, but we should be able to do a lot of business here," he said. "The people here don't wear hats!"

① 한 주요 모자 회사에서 자사의 베스트셀러 모자 제품 라인을 판매하기 위해 두 명의 최고 영업사원을 국내의 한 멀리 떨어진 지역으로 보냈습니다. 며칠 후에, 영업부장이 어떻게 되어 가고 있는지 알아 보기 위해 두 사원에게 전화를 걸었습니다. 이야기를 나눈 ② 첫 번째 영업사원은 걱정스러운 듯했습니다. "아주 이상한 일입니다,"라고 그 사원이 말했습니다. ③ "하지만 저희가 이곳에서 어떤 거래도 할 수 있을 것 같지 않습니다. 이곳 사람들이 모자를 쓰지 않거든요!" 영업부장은 우려가 되었지만, 계속 시도해 보라고 말했습니다. 그 후, 영업부장은 ④ 두 번째 영업사원과 이야기했습니다. 그 사원은 들떠 있는 듯했습니다. ⑤ "믿기지 않으시겠지만, 저희가 이곳에서 아주 많은 거래를 할 수 있게 될 겁니다,"라고 말했습니다. "이곳 사람들이 모자를 쓰지 않거든요!"

핵심내용 파악하기

❶ 모자 회사가 최고의 판매 사원 두 명을 먼 지역으로 보냄 ➡ **❷** 첫 번째 판매원은 걱정스러워 함 ➡ **❸** 그곳 사람들이 모자를 쓰지 않는다며 사업이 불가능 하다고 함

➡ **❹** 두 번째 판매원은 신나함 ➡ **❺** 그곳 사람들이 모자를 쓰지 않아서 사업이 가능 하다고 함

어휘 major 주요한 salespeople 영업사원들 distant 먼, 멀리 떨어진 sales director 영업부장 worried 걱정하는, 우려하는(= concerned) do business 거래하다 unbelievable 믿기지 않는 be able to do ~ 할 수 있다

50점+ 고득점 Paraphrasing

❶

지문
A major hat company sent two of its top salespeople to a distant part of the country to sell its best-selling line of hats. After a few days, the sales director called both to see how it was going.

50+
Two salespeople working for a hat company are sent to a remote place where nobody wears hats.

한 모자 회사에 근무하는 두 영업사원이 아무도 모자를 쓰지 않는 한 외딴 지역에 보내집니다.

❷

지문
The first salesperson he spoke to sounded worried. "It's the strangest thing," he said, "but I don't think we can do any business here. The people here don't wear hats!" The director was concerned but told him to keep trying.

50+
The first salesperson seems concerned that the business won't be a success because people there don't wear hats.

첫 번째 영업사원은 사람들이 모자를 쓰지 않기 때문에 거래가 성공을 거두지 못할까 우려하는 듯합니다.

❸

지문
After that, he spoke with the second salesperson. He sounded excited. "It's unbelievable, but we should be able to do a lot of business here," he said. "The people here don't wear hats!"

50+
On the other hand, the second salesperson is excited and expects the business to boom because of the same reason.

반면에, 두 번째 영업사원은 같은 이유로 인해 들뜬 마음으로 거래가 호황을 이룰 것으로 예상하고 있습니다.

듣기 지문

① A major hat company sent two of its top salespeople to a distant part of the country to sell its best-selling line of hats. After a few days, the sales director called both to see how it was going. ② The first salesperson he spoke to sounded worried. ③ "It's the strangest thing," he said, "but I don't think we can do any business here. The people here don't wear hats!" The director was concerned but told him to keep trying. After that, ④ he spoke with the second salesperson. He sounded excited. ⑤ "It's unbelievable, but we should be able to do a lot of business here," he said. "The people here don't wear hats!"

① 한 주요 모자 회사에서 자사의 베스트셀러 모자 제품 라인을 판매하기 위해 두 명의 영업사원을 국내의 한 멀리 떨어진 지역으로 보냈습니다. 며칠 후에, 영업부장이 어떻게 되어 가고 있는지 알아 보기 위해 두 사원에게 전화를 걸었습니다. 이야기를 나눈 ② 첫 번째 영업사원은 걱정스러운 듯했습니다. "아주 이상한 일입니다,"라고 그 사원이 말했습니다. ③ "하지만 저희가 이곳에서 어떤 거래도 할 수 있을 것 같지 않습니다. 이곳 사람들이 모자를 쓰지 않거든요!" 영업부장은 우려가 되었지만, 계속 시도해 보라고 말했습니다. 그 후, 영업부장은 ④ 두 번째 영업사원과 이야기했습니다. 그 사원은 들떠 있는 듯했습니다. ⑤ "믿기지 않으시겠지만, 저희가 이곳에서 아주 많은 거래를 할 수 있게 될 겁니다,"라고 말했습니다. "이곳 사람들이 모자를 쓰지 않거든요!"

모범 답변 35+

This story is about two salespeople at a hat company. The sales director sent them to a far place to sell its best-selling hats. A few days later, the director called them to see how it's going. The first salesperson said that he can't do business there because people don't wear hats. However, the second salesperson said that he has to do business there because people don't wear hats.

필수패턴

이 이야기는 한 모자 회사에 근무하는 두 명의 영업사원에 관한 것입니다. 영업부장은 자사의 베스트셀러 모자를 판매하기 위해 멀리 떨어진 지역으로 두 사원을 보냈습니다. 며칠 후, 이 영업부장은 어떻게 되어 가고 있는지 알아 보기 위해 두 사원에게 전화를 걸었습니다. 첫 번째 영업사원은 사람들이 모자를 쓰지 않기 때문에 그곳에서 거래를 할 수 없다고 말했습니다. 하지만, 두 번째 영업사원은 사람들이 모자를 쓰지 않기 때문에 거래를 해야 한다고 말했습니다.

어휘 far 먼, 멀리 있는

모범 답변 50+

This passage explores the different ways in which the same situation is viewed differently by two salespeople. Two salespeople working for a hat company are sent to a remote place where nobody wears hats. The first salesperson seems concerned that the business won't be a success because people there don't wear hats. On the other hand, the second salesperson is excited and expects the business to boom because of the same reason. In this manner, we can learn that different perspectives can bring totally different outcomes.

필수패턴

이 이야기는 두 명의 영업사원이 동일한 상황을 다르게 바라보는 서로 다른 방식을 살펴 보고 있습니다. 한 모자 회사에 근무하는 두 영업사원이 아무도 모자를 쓰지 않는 한 외딴 지역에 보내집니다. 첫 번째 영업사원은 사람들이 모자를 쓰지 않기 때문에 거래가 성공을 거두지 못할까 우려하는 듯합니다. 반면에, 두 번째 영업사원은 같은 이유로 인해 들뜬 마음으로 거래가 호황을 이룰 것으로 예상하고 있습니다. 이런 식으로, 우리는 서로 다른 관점이 완전히 다른 결과를 가져 올 수 있다는 점을 배울 수 있습니다.

고득점 추가 질문 및 답변 키워드

○ 질문   If you were in the same situation, what would you say to your boss?
만일 당신이 같은 상황에 처해 있다면, 상사에게 무슨 말을 할 것 같은가요?

○ 답변 키워드   I'd do the same as the first/second salesperson.
저라면 첫/두 번째 영업사원과 똑같이 할 것 같습니다.
Everything depends a lot on how you look at things.
모든 일은 어떻게 바라 보는가에 따라 크게 좌우됩니다.
Look on the bright side 긍정적으로 바라 보다

어휘 explore ~을 살펴 보다, 탐구하다 way 방식, 방법 situation 상황 view ~을 보다 work for ~에서 근무하다 remote 외딴, 멀리 떨어진 seem A A인 것 같다, A하게 보이다 success 성공 on the other hand 반면에, 한편 boom 호황을 이루다 in this manner 이런 식으로 learn that ~임을 배우다 perspective 관점, 시각 totally 완전히, 전적으로

송쌤의 5초 표현 특강

• how A is going   A가 어떻게 되어 가고 있는지
• sound A   A하게 들리다, A한 것 같다
• tell A to 동사원형   A에게 ~하라고 말하다
• keep 동사ing   계속 ~하다
• expect A to 동사원형   A가 ~할 것으로 예상하다, 기대하다
• bring a different outcome   다른 결과를 가져 오다

Q3 The number of emigrants from a city has been increasing for the past 2 years. How would you solve this problem?

브레인 스토밍

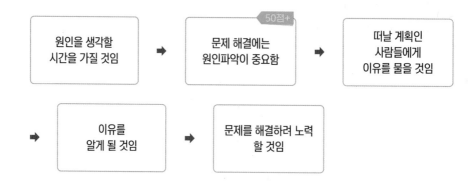

MP3 AT2_10

모범 답변 35+

First of all, I would <u>take some time to</u> think about the reason why this is happening. And, in order to find the reason, I think it's a good idea to <u>ask those people who are planning to leave</u>. That way, I believe I could <u>find out what caused people to leave the city</u>. Then, I would <u>try to fix that problem</u>.

필수패턴 핵심 내용

가장 먼저, 그런 일이 발생하는 이유를 생각해 볼 시간을 좀 가질 것 같습니다. 그리고, 이유를 찾아 내기 위해서는, 떠날 계획을 세우고 있는 사람들에게 묻는 것이 좋은 아이디어라고 생각합니다. 그렇게 하면, 무엇이 사람들에게 도시를 떠나도록 초래했는지 알아낼 수 있을 것으로 생각합니다. 그런 다음, 그 문제를 해결해 보려 할 것 같습니다.

어휘 emigrant 이민자 increase 증가하다 solve ~을 해결하다 take time to 동사원형 ~할 시간을 갖다 in order to 동사원형 ~하기 위해, ~하려면 plan to 동사원형 ~할 계획이다 leave 떠나다 that way 그렇게 하면, 그런 방법으로 find out ~을 알아내다 then 그런 다음 try to 동사원형 ~하려 하다 fix ~을 바로잡다, 고치다

도시 내 이민자 숫자가 지난 2년 동안 계속 증가해 오고 있습니다.
이 문제를 어떻게 해결할 수 있을까요?

🔊 MP3 AT2_11

모범 답변 50+

First, in order to find solutions to a problem, it is important to <u>figure out its main cause</u>. This is because if you don't know the exact cause of a problem, then <u>it</u> will never be solved. For this problem, there is an easy way to <u>find its cause</u>, and this is by <u>interviewing residents who are planning on leaving the city</u>. <u>After hearing their feedback</u> on why they are leaving, we can <u>pinpoint what is causing them to leave</u> and <u>fix those problems</u>.

필수패턴 **핵심 내용**

- -

우선, 문제점에 대한 해결책을 찾아 내려면, 주요 원인을 파악하는 것이 중요합니다. 그 이유는 문제점의 정확한 원인을 알지 못하면, 그것이 절대 해결되지 않기 때문입니다. 이러한 문제점에 대해, 원인을 찾을 수 있는 한 가지 간단한 방법이 있는데, 그것은 바로 도시를 떠날 계획을 세우고 있는 주민들을 인터뷰하는 것입니다. 떠나는 이유에 관한 의견을 듣고 나면, 무엇이 그 사람들을 떠나도록 초래하고 있는지를 정확히 집어내서 문제점을 바로잡을 수 있습니다.

어휘 solution 해결책 figure out ~을 파악하다, 알아내다 cause 원인, 이유 exact 정확한 way to 동사원형 ~하는 방법 resident 주민 feedback 의견 pinpoint ~을 정확히 집어내다

고득점 추가 질문 및 답변 키워드

🔊 MP3 AT2_12

○ 질문 　Have you ever wanted to leave your country?
　　　　다른 나라로 이민 가고 싶었던 적이 있나요?

○ 답변 키워드　I've never 동사p.p
　　　　저는 한 번도 ~해 본 적이 없습니다.
　　　　What makes me want to 동사 the most is that 주어 + 동사.
　　　　저를 가장 ~하고 싶게 만드는 것은 ~가 ~한다는 점입니다.
　　　　I don't really like it when 주어 + 동사.
　　　　저는 ~가 ~하는 것이 정말 마음에 들지 않습니다.

💡 송쌤의 5초 표현 특강

• cause A to 동사원형　A에게 ~하도록 초래하다

• plan on 동사ing　~할 계획이다

CHAPTER 4 Actual Test 2

Q4 Out of 4 pictures, which is the best way to spend your leisure time?
네 개의 그림 중에서, 어느 것이 당신의 여가 시간을 보내는 가장 좋은 방법인가요?

브레인 스토밍

❶ 선호하는 것

여행 가는 것

➡

❷ 이유 있음

몇 가지 이유 있음

➡

❸ 이유 1

• 스트레스 해소됨
• 일상에서 벗어날 수 있도록 도와줌

➡

❹ 이유 2

• 육체적, 정신적으로 건강하게 유지

➡

❺ 이유 3/마무리

• 성공적인 삶을 위해서 휴식과 일 균형 필요

❶ going on a trip

❷ a couple of reasons, a few reasons

❸ relieves my stress
helps me disconnect from my daily life `50점+`

❹ can stay healthy physically and mentally
helps me stay healthy physically and mentally `50점+`

❺ in order to have a successful life, `50점+`
I need a balance between work and relaxation `50점+`

모범 답변 35+

MP3 AT2_14

I'll choose <u>going on a trip</u> for a couple of reasons. First, traveling <u>relieves my stress</u>. I can <u>get away from everything</u>. Second, I can <u>stay healthy physically and mentally</u>. That's because I <u>get relaxed</u> and <u>refreshed</u> when I travel.

필수패턴 <u>핵심 내용</u>

두 가지 이유로 여행을 떠나는 것을 선택하겠습니다. 첫 번째로, 여행은 스트레스를 해소해 줍니다. 모든 일로부터 벗어날 수 있습니다. 두 번째로, 신체적으로 그리고 정신적으로 건강한 상태를 유지할 수 있습니다. 그 이유는 여행할 때 마음이 느긋해지고 재충전되기 때문입니다.

어휘 way to do ~하는 방법 relieve one's stress 스트레스를 해소하다 get away from ~로부터 벗어나다 stay healthy 건강한 상태를 유지하다 physically 신체적으로 mentally 정신적으로 relaxed 마음이 느긋한, 여유로운 refreshed 재충전된, 상쾌한

모범 답변 50+

MP3 AT2_15

For me, the best way of <u>spending my leisure time</u> would be <u>going on a trip</u> for a few reasons. First of all, traveling <u>helps me disconnect from my daily life</u>. I mean, I'd like to <u>make the most of my leisure time</u> by <u>giving myself a break</u> from everything that <u>stresses me out</u>. Second, it <u>helps me stay healthy physically and mentally</u>. I strongly believe that in order to <u>have a successful life, I need a balance between work and relaxation</u>, and going on a trip would be one of the best ways for me to <u>get relaxed</u>.

필수패턴 <u>핵심 내용</u>

저에겐, 몇 가지 이유로 여행을 떠나는 게 여가 시간을 보내는 가장 좋은 방법일 것 같습니다. 가장 먼저, 여행은 일상 생활과 단절되도록 하는 데 도움이 됩니다. 제 말은, 스트레스를 주는 모든 것으로부터 쉴 시간을 가짐으로써 여가 시간을 최대한 활용하고 싶습니다. 두 번째로, 신체적으로 그리고 정신적으로 건강한 상태를 유지하는 데 도움이 됩니다. 저는 성공적인 삶을 살기 위해서는 일과 휴식 사이의 균형이 필요하기 때문에 여행을 떠나는 것이 제가 쉴 수 있는 가장 좋은 방법들 중의 하나일 것이라고 굳게 믿습니다.

어휘 help A 동사원형 A가 ~하는 데 도움을 주다 disconnect from ~로부터 단절되다 daily life 일상 생활 in order to 동사원형 ~하기 위해 successful 성공적인 relaxation 휴식

> **송쌤의 5초 표현 특강**
>
> • make the most of ~을 최대한 활용하다
> • stress A out A에게 <u>스트레스를 주다</u>
> • way for A to 동사원형 A가 ~하는 방법

Actual Test 3

문제 구성

Q1
개인 질문

주제 선호 하는 것 [현재]

질문 좋아하는 과일

난이도 ★ ★ ★

송쌤의 답변 TIP 관련 어휘 및 표현을 익히는 것이 중요

Q2
지문 요약하기

주제 단순 요약

지문 내용 한국인들이 생각하는 ABO혈액형과 성격의 관계

└ 추가질문 혈액형이 사람의 성격과 크게 관련이 있다고 생각하는 지

◀ 50점+

난이도 ★ ★ ★ ★

송쌤의 답변 TIP 지문에 주어진 단어 및 표현을 적절히 활용하여 답변

Q3
의견을 묻는 질문

주제 기술

질문 덜 활용 되는 기술

난이도 ★ ★ ★

송쌤의 답변 TIP 기술 관련 표현을 알아 두는 것이 중요

Q4
사진 설명하기

주제 호텔 개업 장소 선정

난이도 ★ ★ ★ ★

송쌤의 답변 TIP 선호사항을 고르는 유형으로, 적절한 이유를 제공하여 답변

필수 패턴

- **주어 + 동사 as well.**
  ~이 ~도 합니다.

  It has a lot of vitamins in it as well.

- **First and foremost, 주어 + 동사.**
  먼저 가장 중요한 것으로, ~이 ~ 합니다.

  First and foremost, not only do bananas taste good, but also they are rich in vitamins B and C.

  ▶▶ Q1

- **According to a study, 주어 + 동사.**
  연구에 따르면, ~이 ~합니다.

  According to a study, potassium in bananas helps to keep the brain alert.

- **be related to 명사**
  ~와 관련이 있다

  Many people believe that blood type is related to their personality.

- **There is a relationship between A and B.**
  A와 B 사이에 관계가 있습니다.

  There is a relationship between someone's blood type and his or her personality.

  ▶▶ Q2

- **Although 주어 + 동사, ~ .**
  ~이 ~을 하긴 해도, ~ .

  Although there is no scientific evidence proving a correlation between blood types and personalities, this pseudoscience still remains trendy in Korea.

- **I think this is due to 명사.**
  이것은 ~으로 인한 것이라고 생각합니다.

  I think this is due to the advancement of mobile phones.

- **Although 주어 + 동사, ~ .**
  ~이 ~을 하긴 해도, ~ .

  Although we use our smartphones daily, more people are
  communicating through text-based media such as text messages
  or email.

  ▶▶ Q3

- **The reason for this could be that 주어 + 동사.**
  이에 대한 이유는 ~이 ~을 하기 때문입니다.

  The reason for this could be that while text messaging gives
  people time to think about their answers, calling doesn't.

- **if I have to 동사, I'd choose 명사(to 동사).**
  제가 ~을 해야 한다면, 저는 ~을(~을 하는 것을) 선택할 것 같습니다.

  If I have to open a hotel, I'd choose the beach area.

  ▶▶ Q4

- **Taken together, A seems to be the best 명사 to 동사.**
  이 모든 점으로 미루어 볼 때, A가 ~이 ~을 하기 위한 최선으로 보입니다.

  Taken together, the beach seems to be the best place to build a
  hotel.

필수 패턴 적용해 보기

앞서 배운 필수 패턴을 활용하여 나만의 답변을 만들어 보세요.

- 주어 + 동사 **as well.**

  _____

- **First and foremost,** 주어 + 동사**.**

  _____

- **According to a study,** 주어 + 동사**.**

  _____

- **There is a relationship between A and B.**

  _____

- **Although** 주어 + 동사**, ~ .**

  _____

- **I think this is due to** 명사**.**

  _____

- **The reason for this could be that** 주어 + 동사**.**

  _____

- **if I have to** 동사**, I'd choose** 명사**(to** 동사**).**

  _____

- **I strongly believe that in order to** 동사**~, ~ .**

  _____

- **Taken together, A seems to be the best** 명사 **to** 동사**.**

  _____

Q1 What's your favorite fruit?
가장 좋아하는 과일이 뭔가요?

브레인 스토밍

바나나를 가장 좋아함 ➡ 맛이 좋고 비타민 풍부함 ➡ 섬유질 풍부 `50점+`

➡ 포만감이 큼 ➡ 바나나의 칼륨은 건강에 좋음

🔊 MP3 AT3_2

모범 답변 35+

My favorite fruit is banana. I'll explain why. First of all, banana tastes good, and it has a lot of vitamins in it as well. Second, it's filling so I don't get hungry easily. Lastly, there is a lot of potassium in bananas, so it's good for our health.

필수패턴 핵심 내용

제가 가장 좋아하는 과일은 바나나입니다. 그 이유를 설명해 드리겠습니다. 가장 먼저, 바나나는 맛이 좋고, 비타민도 많이 들어 있습니다. 두 번째로, 포만감을 주기 때문에 쉽게 배고파지지 않습니다. 마지막으로, 바나나에는 칼륨이 많기 때문에, 사람들의 건강에 좋습니다.

어휘 favorite 가장 좋아하는 explain why 이유를 설명하다 taste good 맛이 좋다 as well ~도, 또한 filling 포만감을 주는 get hungry 배고파지다 easily 쉽게 there is a lot of A A가 많이 있다 potassium 칼륨

🔊 **송쌤의 5초 발음 특강**

- vitamin [바이라민]
  미국식은 '바이라민' 영국식은 '비타민'으로 둘 다 괜찮습니다. 하지만 v 발음은 입술에 진동을 주어 윗니가 아랫입술을 물며 발음하는 것은 동일합니다. B 발음과 차이를 두어 발음해 주세요.
- potassium [퍼태-씨엄]
- loaded [로우리드]
- alert [얼럴-트]

모범 답변 50+

Oh, the fruit that I like the most would be... <u>banana</u> for a couple of reasons. First and foremost, **not only do** bananas <u>taste good</u>, **but also** they are <u>rich in vitamins B and C</u>. Second of all, banana is loaded with <u>fiber</u>, which keeps **you** <u>feeling full</u> longer than **other fruits**. Lastly, according to **a study,** <u>potassium</u> in bananas helps to <u>keep the brain alert</u> and <u>manage blood pressure</u> and <u>heart rate</u>.

필수패턴 <u>핵심 내용</u>

아, 제가 가장 좋아하는 과일은 바나나인데… 몇 가지 이유가 있습니다. 먼저 가장 중요한 것으로, 바나나는 맛이 좋을 뿐만 아니라, 비타민 B와 C가 풍부하기도 합니다. 두 번째로, 바나나는 섬유질이 가득한데, 이것이 다른 과일보다 더 오래 배부른 느낌이 들도록 유지해 줍니다. 마지막으로, 연구에 따르면, 바나나에 들어 있는 칼륨이 두뇌 회전을 활발하게 유지하고 혈압과 심장 박동수를 관리하는 데 도움이 됩니다.

어휘 like the most 가장 좋아하다　for a couple of reasons 몇 가지 이유로　rich in ~가 풍부한　fiber 섬유질　feel full 배부른 느낌이 들다, 포만감을 느끼다　longer than ~보다 더 오래　according to ~에 따르면　study 연구　keep the brain alert 두뇌 회전을 활발하게 유지하다, 머리를 맑게 유지하다　manage ~을 관리하다　blood pressure 혈압　heart rate 심장 박동수

송쌤의 5초 표현 특강

• first and foremost　먼저 가장 중요한 것으로
• not only A, but also B　A뿐만 아니라 B도
• be loaded with　~로 가득하다
• keep A 동사ing　A가 계속 ~하게 하다

Q2 You will listen to the story twice.
Please summarize it as much as you can.

같은 이야기를 두 번 들려 드립니다. 가능한 한 많은 내용을 요약해 주세요.

① It is commonly held among Koreans that someone's ABO blood type corresponds with their personality. For instance, ② people with type O blood type are supposedly tolerant and well-rounded. This belief is so prevalent in Korean society that some Koreans are shocked to learn that ④ people from other countries might not even know their own blood type. But of course, ③ this pseudoscience is not backed up by any evidence. ⑤ Nonetheless, the idea remains popular in Korean culture.

① 한국인들 사이에서 흔히 ABO 혈액형이 성격과 일치한다는 통념이 있습니다. 예를 들어, ② O형 혈액형을 지니고 있는 사람은 관대하고 원만한 것으로 추정됩니다. 이러한 믿음은 한국 사회 내에서 아주 일반적이어서 일부 한국인들은 ④ 외국에서 온 사람들이 심지어 자신의 혈액형을 알지 못할 수도 있다는 사실을 알고 충격을 받기도 합니다. 하지만 당연히, ③ 이 비과학적인 생각을 뒷받침하는 증거는 어디에도 없습니다. ⑤ 그럼에도 불구하고, 그러한 생각이 한국 문화에서 여전히 인기가 있습니다.

핵심내용 파악하기

어휘 correspond with ~와 일치하다 personality 성격 for instance 예를 들어 supposedly 추정상, 아마 tolerant 관대한, 아량 있는 well-rounded 원만한 prevalent 일반적인, 널리 퍼진 learn that ~임을 알게 되다 even 심지어 (~도) pseudoscience 비과학적인 것 evidence 증거 nonetheless 그럼에도 불구하고 popular 일반적인, 인기 있는

❶

지문

It is commonly held among Koreans that someone's ABO blood type corresponds with their personality.

50+

This passage describes how Koreans commonly believe that there is a relationship between someone's blood type and his or her personality.

이 지문은 한국인들이 흔히 어떻게 혈액형과 성격 사이에 관계가 존재한다는 것을 믿고 있는지를 설명합니다.

❷

지문

For instance, people with type O blood type are supposedly tolerant and well-rounded.

50+

For example, people with type O blood type are considered generous and outgoing.

예를 들어, O형 혈액형을 지닌 사람은 관대하고 외향적인 것으로 여겨집니다.

❸

지문

This belief is so prevalent in Korean society that some Koreans are shocked to learn that people from other countries might not even know their own blood type.

50+

However, what they do not know is that a lot of people from other countries are not even aware of their own blood type.

하지만, 한국인들이 모르고 있는 부분은 외국에서 온 많은 사람들이 심지어 각자의 혈액형조차 알지 못한다는 사실입니다.

❹

지문

But of course, this pseudoscience is not backed up by any evidence. Nonetheless, the idea remains popular in Korean culture.

50+

Although there is no scientific evidence proving a correlation between blood types and personalities, this pseudoscience still remains trendy in Korea.

혈액형과 성격 사이의 상관 관계를 입증하는 과학적 증거가 존재하지 않지만, 이러한 비과학적인 생각이 여전히 한국에서 계속 유행하고 있습니다.

듣기 지문

① It is commonly held among Koreans that someone's ABO blood type corresponds with their personality. For instance, ② people with type O blood type are supposedly tolerant and well-rounded. This belief is so prevalent in Korean society that some Koreans are shocked to learn that ④ people from other countries might not even know their own blood type. But of course, ③ this pseudoscience is not backed up by any evidence. ⑤ Nonetheless, the idea remains popular in Korean culture.

① 한국인들 사이에서 흔히 ABO 혈액형이 성격과 일치한다는 통념이 있습니다. 예를 들어, ② O형 혈액형을 지니고 있는 사람은 관대하고 원만한 것으로 추정됩니다. 이러한 믿음은 한국 사회 내에서 아주 일반적이어서 일부 한국인들은 ④ 외국에서 온 사람들이 심지어 자신의 혈액형을 알지 못할 수도 있다는 사실을 알고 충격을 받기도 합니다. 하지만 당연히, ③ 이 비과학적인 생각을 뒷받침하는 증거는 어디에도 없습니다. ⑤ 그럼에도 불구하고, 그러한 생각이 한국 문화에서 여전히 일반적입니다.

모범 답변 35+

This passage is about **ABO blood type.** According to the passage, **in Korea,** many people believe that blood type is related to their personality. For example, people with type O blood type are tolerant and well-rounded. However, there's no evidence for this. Nonetheless, **this belief is still popular in Korea.**

필수패턴

이 지문은 ABO 혈액형에 관한 것입니다. 이야기 내용에 따르면, 한국에서는, 많은 사람들이 혈액형이 성격과 관련되어 있다고 생각합니다. 예를 들어, O형 혈액형을 지닌 사람은 관대하고 원만합니다. 하지만, 이에 대한 증거는 존재하지 않습니다. 그럼에도 불구하고, 이러한 믿음이 여전히 한국에서 일반적입니다.

어휘 **according to** ~에 따르면 **be related to** ~와 관련되어 있다 **belief** 믿음, 생각

모범 답변 50+

This passage describes how Koreans commonly believe that there is a relationship between someone's blood type and his or her personality. For example, people with type O blood type are considered generous and outgoing. However, what they do not know is that a lot of people from other countries are not even aware of their own blood type. Although there is no scientific evidence proving a correlation between blood types and personalities, this pseudoscience still remains trendy in Korea.

필수패턴

이 지문은 한국인들이 흔히 어떻게 혈액형과 성격 사이에 관계가 존재한다는 것을 믿고 있는지를 설명합니다. 예를 들어, O형 혈액형을 지닌 사람은 관대하고 외향적인 것으로 여겨집니다. 하지만, 한국인들이 모르고 있는 부분은 외국에서 온 많은 사람들이 심지어 각자의 혈액형조차 알지 못한다는 사실입니다. 혈액형과 성격 사이의 상관 관계를 입증하는 과학적 증거가 존재하지 않지만, 이러한 비과학적인 생각이 여전히 한국에서 계속 유행하고 있습니다.

고득점 추가 질문 및 답변 키워드

○ 질문　　Do you believe that ABO blood type is strongly associated with one's personality?
ABO 혈액형이 사람의 성격과 크게 관련되어 있다고 생각하나요?

○ 답변 키워드　　don't put a lot of meaning to it 그것에 큰 의미를 두지 않다
It is true up to a certain point. 어느 정도까지는 사실이다.
not necessarily right 반드시 옳은 것은 아닌
one of stereotypes/prejudices that we should avoid
우리가 피해야 하는 고정 관념들/편견들 중의 하나

어휘 describe ~을 설명하다　commonly 흔히, 일반적으로　generous 관대한　outgoing 외향적인
be aware of ~을 알고 있다, 인식하고 있다　prove ~을 입증하다, 증명하다　correlation 상관 관계
trendy 유행하는

송쌤의 5초 표현 특강

• so A that B　너무 A해서 B하다
• be backed up by　~에 의해 뒷받침되다
• remain A　여전히 A하다, 계속 A한 상태로 있다
• relationship between A and B　A와 B 사이의 관계
• be considered A　A한 것으로 여겨지다

Q3 Although there are many kinds of technologies, what is a less used technology?

브레인 스토밍

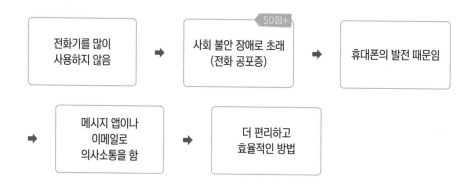

전화기를 많이 사용하지 않음 ➡ 사회 불안 장애로 초래 (전화 공포증) [50점+] ➡ 휴대폰의 발전 때문임

➡ 메시지 앱이나 이메일로 의사소통을 함 ➡ 더 편리하고 효율적인 방법

🔊 MP3 AT3_10

모범 답변 35+

I've recently noticed that many people <u>don't use their telephones</u> that much. I think this is due to <u>the advancement of mobile phones</u>. People prefer to use other technologies on their mobile phones such as <u>messaging apps or email to communicate with people</u>. That's because they are <u>more convenient and efficient</u> ways <u>to communicate</u>.

필수패턴 <u>핵심 내용</u>

저는 최근에 많은 사람들이 전화기를 그렇게 많이 사용하지 않는다는 사실을 알게 되었습니다. 이는 휴대전화기의 발전으로 인한 것이라고 생각합니다. 사람들은 다른 이들과 연락하기 위해 메시지 전송 앱이나 이메일 같이 휴대전화가 지니고 있는 다른 기술을 활용하는 것을 선호합니다. 그 이유는 더 편리하고 효율적으로 연락할 수 있는 방법이기 때문입니다.

어휘 less 덜, 더 적게 recently 최근에 that much 그렇게 많이 due to ~로 인한 advancement 발전, 진보 prefer to 동사원형 ~하는 것을 선호하다 communicate with ~와 연락하다, 의사 소통하다 convenient 편리한 efficient 효율적인 way to 동사원형 ~하는 방법

많은 종류의 기술이 존재하기는 하지만,
무엇이 덜 활용되는 기술인가요?

MP3 AT3_11

모범 답변 50+

Recently, I've been noticing that <u>fewer and fewer people are using their phones to call</u> others. This is caused by <u>a social anxiety called telephobia</u>. Telephobia is <u>the fear or reluctance of having phone conversations</u>. Although we <u>use our smartphones daily</u>, more people are <u>communicating through text-based media</u> such as <u>text messages</u> or <u>emails</u>. The reason for this could be that while <u>text messaging gives people time to think about their answers</u>, calling doesn't. So, I guess telephones are the least used technology.

필수패턴 <u>핵심 내용</u>

최근에, 저는 다른 이들에게 전화를 걸기 위해 전화기를 사용하는 사람들이 점점 더 적어지고 있다는 사실을 알게 되었습니다. 이는 전화 공포증이라고 불리는 사회 불안 장애로 인해 초래되고 있습니다. 전화 공포증이란 전화로 통화하는 것에 대한 두려움 또는 주저함을 말합니다. 우리가 매일 스마트폰을 사용하고 있기는 하지만, 문자 메시지나 이메일 같은 문자 기반의 매체를 통해 연락하는 사람들이 더 많습니다. 이에 대한 이유는 문자 메시지 전송이 사람들에게 답변에 대해 생각할 시간을 주는 반면, 전화 통화는 그렇지 않기 때문입니다. 따라서, 전화기가 가장 덜 활용되고 있는 기술이라고 생각합니다.

어휘 less and less 점점 더 적은 social anxiety 사회 불안 장애 telephobia 전화 공포증 reluctance 주저함, 꺼림 text-based 문자 기반의 media 매체 while ~인 반면 the least 가장 덜, 가장 적게

 송쌤의 5초 표현 특강

• notice that ~임을 알게 되다, ~라는 점에 주목하다
• be caused by ~로 인해 초래되다

CHAPTER 4 Actual Test 3

CHAPTER 4 Actual Test 3 91

Q4 If you were to open a hotel, which would be the best location out of all the given places?

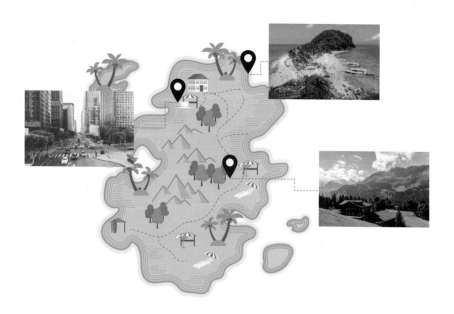

브레인 스토밍

❶ 내 의견	➡	❷ 이유 1
해변가		• 해변가로 휴가 가면 호텔에 묵음 • 휴가로 해변 선호

❸ 이유 2		❹ 이유 3/마무리
• 멋진 바다 경치 즐길 수 있음 • 멋진 바다 경치 제공 가능	➡	경치 즐기면서 다양한 호텔 시설 이용 가능

❶ choose the beach area
the beach area is considered the best place `50점+`

❷ people stay in hotels when they go on a trip to the beach
tend to go to the beach for vacation `50점+`

❸ can enjoy the great ocean view
can provide people with a great ocean view `50점+`

❹ can enjoy great hotel facilities with the beautiful scenery
can make the most of their trips by using various hotel facilities `50점+`

만일 호텔을 개업하게 된다면, 다음에 주어진 모든 곳들 중에서 어느 곳이
가장 좋은 장소일 것 같은가요?

모범 답변 35+

If I have to open a hotel, I'd choose the beach area. First of all, people stay in hotels when they go on a trip to the beach. In Korea, the beaches are pretty far from the downtown area, and it means people have to stay at least one night at a hotel. Second, if I build a hotel in front of the beach, people can enjoy the great ocean view. And, people can enjoy great hotel facilities with the beautiful scenery, so the beach area is the perfect place to open a hotel.

필수패턴

제가 호텔을 개업해야 한다면, 해변 지역을 선택할 것 같습니다. 가장 먼저, 사람들이 해변으로 여행으로 떠날 때 호텔에 머무릅니다. 한국에서는, 해변이 도시 지역에서 꽤 멀리 떨어져 있는데, 이는 사람들이 호텔에서 최소 1박을 해야 한다는 뜻입니다. 두 번째로, 제가 해변 앞에 호텔을 짓는다면, 사람들이 아주 멋진 바다 경관을 즐길 수 있습니다. 그리고, 사람들이 아름다운 경치와 함께 훌륭한 호텔 시설물을 즐길 수 있기 때문에, 해변 지역이 호텔을 개업하기에 최적의 장소입니다.

모범 답변 50+

As for the location of the hotel, the first picture depicting the beach area is considered the best place out of all the given places. That's because many people still tend to go to the beach for vacation despite other great tourist attractions, I believe. Opening a hotel right in front of the beach can provide people with a great ocean view. Plus, people can make the most of their trips by using various hotel facilities such as fitness centers, games, saunas, and so on while enjoying the beautiful scenery. Taken together, the beach seems to be the best place to build a hotel.

필수패턴

호텔 위치와 관련해서는, 해변 지역을 묘사하는 첫 번째 사진이 주어진 모든 곳들 중에서 가장 좋은 장소로 여겨집니다. 그 이유는 많은 사람들이 다른 뛰어난 관광 명소들이 있음에도 불구하고 여전히 해변으로 휴가를 떠나는 경향이 있기 때문입니다. 해변 바로 앞에 호텔을 개업하면 사람들에게 아주 멋진 바다 경관을 제공할 수 있습니다. 게다가, 사람들이 아름다운 경치를 즐기면서 피트니스 센터나 게임장, 사우나 등과 같은 다양한 호텔 시설을 이용함으로써 여행을 최대한 활용할 수 있습니다. 이 모든 점으로 미루어 볼 때, 해변이 호텔을 짓기에 최적의 장소인 것 같습니다.

> **송쌤의 5초 표현 특강**
>
> - provide A with B   A에게 B를 제공하다
> - make the most of   ~을 최대한 활용하다
> - taken together   (앞선 언급한 것들에 대해) 모든 점으로 미루어 볼 때, 모두 종합해 보면

CHAPTER 4 Actual Test 3   93

Actual Test 4

문제 구성

Q1
개인 질문

주제 일상 [과거]

질문 지난번 휴가

난이도 ★ ★ ★

송쌤의 답변 TIP 육하원칙에 의거하여 과거시제에 유의하여 답변

Q2
지문 요약하기

주제 스토리텔링

지문 내용 유명 여배우의 삶

    └ 추가질문 믿기 힘들 정도로 돈을 많이 버는 유명인에 대해 어떻게 생각 하는 지 50점+

난이도 ★ ★ ★

송쌤의 답변 TIP 전체적인 내용을 파악한 후 요약하여 답변

Q3
의견을 묻는 질문

주제 교육

질문 대학 입학 전 전공 선택권 부여 여부에 관한 의견

    └ 추가질문 국가의 교육 시스템에 만족하는 지

난이도 ★ ★ ★

송쌤의 답변 TIP 본인의 경험 및 실제 사례를 생각하여 답변

Q4
그래프 묘사하기

주제 라인 그래프

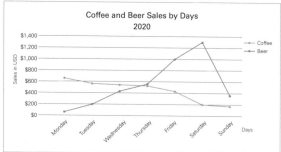

난이도 ★ ★ ★

송쌤의 답변 TIP 선 그래프의 이해 및 특징 파악하여 답변

- **so 형용사/부사 that 주어 + 동사 ~**

  너무 ~했기 때문에 ~이 ~합니다

  The trip was so good that it is still fresh in my memory.

- **What 주어 + 동사 ~ .**

  ~이 ~을 한 것은 ~ 입니다.

  ▶▶ Q1

  What we did in Jeju still stays fresh in my mind.

- **Since 주어 + 동사, ~**

  ~이 ~해서, ~

  Since Jeju Island is well-known for its wide variety of activities, ~.

- **주어 have(has) to 동사원형.**

  ~이 ~을 해야만 합니다.

  In order to stay in shape, she has to go on a strict diet, and she must always smile for the camera.

- **What's worse is that 주어 + 동사.**

  더 심각한 것은 ~이 ~하다는 겁니다.

  ▶▶ Q2

  What's worse is that she has to go on a strict diet to survive in Hollywood as an actress.

- **No matter wh-words 주어 + 동사.**

  ~가 wh-하던지 상관없이 ~을 해야 합니다.

  * wh-words: who, where, when, what, why, how 같은 단어들

  The saddest part is that she must always smile in front of the camera no matter what she's going through.

• **주어 require/ask/need 목적어 to 동사원형.**

~이 ~하기 위해 목적어가 필요합니다.

주어 is required/asked/needed to 동사원형.

~이 ~하라는 요구를 받습니다.

If students are required to choose their major, ~.

▷▷ Q3

• **주어 view A as B.**

~가 B하는데 있어 A로 보입니다.

주어 view it as B that 주어 + 동사.

~가 ~하는데 있어 ~가 B로 보입니다.

I don't view it as a good idea that students should be required to choose their major before entering college.

• **A increase from B until C, and they drop dramatically on/at/in D.**

A는 B부터 C까지 증가하고 있지만 D에 급격히 감소합니다.

Beer sales increase from Monday until Saturday, and they drop dramatically on Sunday.

▷▷ Q4

• **A result in B.**

A는 B의 결과로 초래합니다.

It would definitely result in many people changing their major in their first or second year.

필수 패턴 적용해 보기

앞서 배운 필수 패턴을 활용하여 나만의 답변을 만들어 보세요.

- **so 형용사/부사 that 주어 + 동사 ~**

  _____

- **What 주어 + 동사 ~ .**

  _____

- **Since 주어 + 동사, ~**

  _____

- **주어 have(has) to 동사원형.**

  _____

- **What's worse is that 주어 + 동사.**

  _____

- **No matter wh-words 주어 + 동사.**

  _____

- **주어 require/ask/need 목적어 to 동사원형.**

  _____

- **주어 view it as B that 주어 + 동사.**

  _____

- **A increase from B until C, and they drop dramatically on/at/in D.**

  _____

Q1 Please tell me about your last vacation.
Where did you go and what did you do?

브레인 스토밍

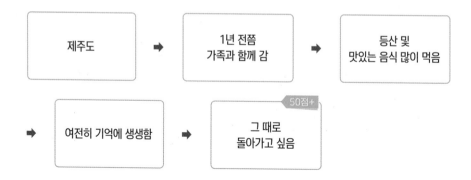

제주도	➡ 1년 전쯤 가족과 함께 감	➡ 등산 및 맛있는 음식 많이 먹음
➡ 여전히 기억에 생생함	➡ 그 때로 돌아가고 싶음 (50점+)	

🔊 MP3 AT4_2

모범 답변 35+

I went to <u>Jeju Island</u> on my last vacation. It was about <u>1 year ago</u>, and I went there <u>with my family</u>. We <u>did many things</u> such as <u>hiking up a mountain</u> and <u>ate a lot of delicious food</u>. The trip was so <u>good</u> that it is <u>still fresh in my memory</u>.

필수패턴 <u>핵심 내용</u>

- -

저는 지난번 휴가로 제주도에 갔습니다. 약 1년 전의 일인데, 가족과 함께 그곳에 갔습니다. 저희는 등산 같은 많은 것을 했으면, 맛있는 음식도 많이 먹었습니다. 이 여행이 너무 좋았기 때문에 여전히 제 기억 속에 생생하게 남아 있습니다.

어휘 on one's vacation 휴가로 about 약, 대략 such as ~와 같은 hike up a mountain 등산하다 trip 여행

송쌤의 5초 발음 특강

- approximately [어프뢕-씨멑리]
- beyond [비얀-드]
- variety [버롸-이어티]
- majestic [머줴-스틱]

지난번 휴가에 관해 이야기해 주세요.
어디에 갔으며 무엇을 했나요?

MP3 AT4_3

모범 답변 50+

Well, the place I went to for my last vacation... Right, I went to <u>Jeju Island</u> <u>with my family</u> like... <u>approximately 1 year ago</u>. What we did in Jeju <u>still stays</u> <u>fresh in my mind</u> because everything was <u>beyond words</u>. Since Jeju Island is well-known for <u>its wide variety of</u> activities, <u>majestic mountains</u> and <u>beaches</u> that words can't even describe, <u>we did many things</u> such as <u>hiking up the</u> <u>mountain, a lot of indoor and outdoor activities</u>, and <u>enjoyed the beautiful</u> <u>scenery from the beaches</u>. I wish I could go back to the moment when I was in Jeju Island.

필수패턴 핵심 내용

음, 제가 지난번 휴가로 갔던 곳이… 맞아요, 가족과 함께 제주도에 갔는데… 그러니까 대략 1년 전이었습니다. 저희가 제주도에서 했던 일이 여전히 제 기억 속에 생생하게 남아 있는데, 모든 것이 말로 표현할 수 없을 정도였기 때문입니다. 제주도는 아주 다양한 활동을 비롯해 심지어 말로 설명할 수조차 없는 웅장한 산과 해변들로 잘 알려져 있기 때문에, 등산 같은 많은 것도 하고 여러 실내외 활동도 했으며, 해변의 아름다운 경치도 즐겼습니다. 제주도에 가 있던 때로 되돌아 갈 수 있다면 좋겠습니다.

어휘 approximately 약, 대략 beyond words 말로 표현할 수 없는 since ~이기 때문에 majestic 웅장한, 장엄한 even 심지어 (~조차) describe ~을 설명하다 scenery 경치

송쌤의 5초 표현 특강

- still fresh in one's memory 여전히 ~의 기억 속에 생생한
- stay fresh in one's mind ~의 기억 속에 생생하게 남아 있다
- be well-known for ~로 잘 알려져 있다
- one's wide variety of 아주 다양한
- I wish I could ~할 수 있다면 좋겠습니다

Q2
You will listen to the story twice.
Please summarize it as much as you can.
같은 이야기를 두 번 들려 드립니다. 가능한 한 많은 내용을 요약해 주세요.

① Chloe is a world-famous actress who has starred in numerous films. ② Most people assume that her life must be fantastic, but oftentimes, ③ it is anything but. ④ Chloe has a hectic schedule with filming all around the world, so she rarely spends time with her family. Her manager carefully plans her strict diet and intense workouts so that she can keep up with Hollywood's impossible standard of beauty. Frequently sick, Chloe takes a variety of prescription medicine. She has suffered multiple panic attacks and struggles to cope with the constant criticism that accompanies fame. Sometimes the pressure is overwhelming, but ⑤ she must always smile for the camera.

① 클로에는 세계적으로 유명한 배우로서, 다수의 영화에서 주연을 맡은 바 있습니다. ② 대부분의 사람들은 그녀의 삶이 분명 환상적일 것이라고 생각하지만, 종종, ③ 결코 그렇지만은 않습니다. ④ 클로에는 전세계를 다니며 촬영하느라 일정이 정신없이 바쁘기 때문에, 좀처럼 가족과 시간을 보내지 못합니다. 할리우드의 불가능할 것 같은 미의 기준에 맞출 수 있도록 매니저가 엄격한 식단 및 강도 높은 운동 계획을 세심하게 세웁니다. 자주 몸이 아픈 클로에는 다양한 처방약을 복용합니다. 그녀는 여러 공황 발작 증세에 시달리고 있으며, 명예와 동반되는 지속적인 비판에 대처하기 위해 몸부림칩니다. 때때로 이러한 압박감이 압도적이지만, ⑤ 반드시 항상 카메라를 향해 미소를 지어야 합니다.

핵심내용 파악하기

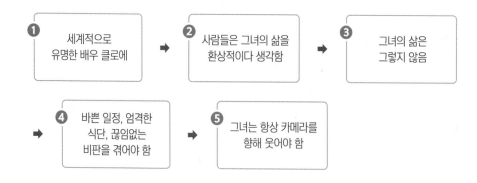

① 세계적으로 유명한 배우 클로에 → ② 사람들은 그녀의 삶을 환상적이다 생각함 → ③ 그녀의 삶은 그렇지 않음

→ ④ 바쁜 일정, 엄격한 식단, 끊임없는 비판을 겪어야 함 → ⑤ 그녀는 항상 카메라를 향해 웃어야 함

어휘 world-famous 세계적으로 유명한 star 주연으로 출연하다 nemerous 다수의, 수많은 oftentimes 종종 hectic 정신없이 바쁜 filming 촬영 rarely 좀처럼 ~않다 carefully 세심하게, 신중히 strict 엄격한 intense 강도 높은 workout 운동 so that ~할 수 있도록 standard 기준, 표준 frequently 자주, 빈번히 a variety of 다양한 prescription medicine 처방약 suffer ~에 시달리다 multiple 여럿의, 다수의 panic attack 공황 발작 cope with ~에 대처하다 constant 지속적인 criticism 비판, 비난 accompany ~을 동반하다 fame 명예, 명성 pressure 압박(감) overwhelming 압도적인

1

지문 | Chloe is a world-famous actress.

50+ | a world-renowned actress named Chloe
클로에라는 이름의 세계적으로 유명한 배우

2

지문 | Most people assume that her life must be fantastic, but oftentimes, it is anything but.

50+ | Most people are envious and believes that she lives a fantastic life, but the truth is rather dreadful.
대부분의 사람들이 그녀를 부러워하면서 환상적인 삶을 살고 있다고 생각하지만, 사실은 다소 끔찍합니다.

3

지문 | Chloe has a hectic schedule with filming all around the world, so she rarely spends time with her family.

50+ | She is always so overwhelmed with work that she rarely has extra time to spend with her family.
그녀는 항상 일에 압도되어 있어 좀처럼 가족과 보낼 여유 시간이 없습니다.

4

지문 | Her manager carefully plans her strict diet and intense workouts so that she can keep up with Hollywood's impossible standard of beauty.

50+ | What's worse is that she has to go on a strict diet to survive in Hollywood as an actress.
더 심각한 것은 할리우드에서 배우로 살아남기 위해 엄격한 식단을 따라야 한다는 점입니다.

5

지문 | Frequently sick, Chloe takes a variety of prescription medicine. She has suffered multiple panic attacks and struggles to cope with the constant criticism that accompanies fame.

50+ | Moreover, she takes multiple medicine due to her being sick often and has suffered panic attacks from reading mean comments from the media
게다가, 몸이 자주 아픈 관계로 여러 약을 복용하고 있으며, 언론의 심술궂은 비판 내용을 읽고 공황 발작에 시달려 왔습니다.

6

지문 | Sometimes the pressure is overwhelming, but she must always smile for the camera.

50+ | The saddest part is that she must always smile in front of the camera no matter what she's going through.
가장 슬프게 만드는 부분은 어떤 상황을 겪고 있든 상관없이 카메라 앞에서 반드시 항상 미소를 지어야 한다는 점입니다.

듣기 지문

① Chloe is a world-famous actress who has starred in numerous films. ② Most people assume that her life must be fantastic, but oftentimes, ③ it is anything but. ④ Chloe has a hectic schedule with filming all around the world, so she rarely spends time with her family. Her manager carefully plans her strict diet and intense workouts so that she can keep up with Hollywood's impossible standard of beauty. Frequently sick, Chloe takes a variety of prescription medicine. She has suffered multiple panic attacks and struggles to cope with the constant criticism that accompanies fame. Sometimes the pressure is overwhelming, but ⑤ she must always smile for the camera.

① 클로에는 세계적으로 유명한 배우로서, 다수의 영화에서 주연을 맡은 바 있습니다. ② 대부분의 사람들은 그녀의 삶이 분명 환상적일 것이라고 생각하지만, 종종, ③ 결코 그렇지만은 않습니다. ④ 클로에는 전세계를 다니며 촬영하느라 일정이 정신없이 바쁘기 때문에, 좀처럼 가족과 시간을 보내지 못합니다. 할리우드의 불가능할 것 같은 미의 기준에 맞출 수 있도록 매니저가 엄격한 식단 및 강도 높은 운동 계획을 세심하게 세웁니다. 자주 몸이 아픈 클로에는 다양한 처방약을 복용합니다. 그녀는 여러 공황 발작 증세에 시달리고 있으며, 명예와 동반되는 지속적인 비판에 대처하기 위해 몸부림칩니다. 때때로 이러한 압박감이 압도적이지만, ⑤ 반드시 항상 카메라를 향해 미소를 지어야 합니다.

모범 답변 35+

This story is about Chloe. She is a world-famous actress, and many people think that her life is fantastic. However, according to the story, she has a hectic schedule, and she can't even spend some time with her family. In order to stay in shape, she has to go on a strict diet, and she must always smile for the camera.

필수패턴

이 이야기는 클로에에 관한 것입니다. 그녀는 세계적으로 유명한 배우이며, 많은 사람들은 그녀의 삶이 환상적이라고 생각합니다. 하지만, 이야기 내용에 따르면, 일정이 정신없이 바쁘고, 심지어 가족과 함께 시간을 보낼 수도 없습니다. 몸매를 가꾸기 위해, 엄격한 식단을 따라야 하며, 반드시 항상 카메라를 향해 미소를 지어야 합니다.

어휘 according to ~에 따르면 in order to 동사원형 ~하기 위해 stay in shape 몸매를 가꾸다

모범 답변 50+

This story is about a world-renowned actress named Chloe. Most people are envious and believe that she lives a fantastic life, but the truth is rather dreadful. She is always so overwhelmed with work that she rarely has extra time to spend with her family. What's worse is that she has to go on a strict diet to survive in Hollywood as an actress. Moreover, she takes multiple medicines due to her being sick often and has suffered panic attacks from reading mean comments from the media. The saddest part is that she must always smile in front of the camera no matter what she's going through. After all, all that glitters is not gold.

필수패턴

이 이야기는 클로에라는 이름의 세계적으로 유명한 배우에 관한 것입니다. 대부분의 사람들이 그녀를 부러워하면서 환상적인 삶을 살고 있다고 생각하지만, 사실은 다소 끔찍합니다. 그녀는 항상 일에 압도되어 있어 좀처럼 가족과 보낼 여유 시간이 없습니다. 더 심각한 것은 할리우드에서 배우로 살아남기 위해 엄격한 식단을 따라야 한다는 점입니다. 게다가, 몸이 자주 아픈 관계로 여러 약을 복용하고 있으며, 언론의 심술궂은 비판 내용을 읽고 공황 발작에 시달려 왔습니다. 가장 슬프게 만드는 부분은 어떤 상황을 겪고 있든 상관없이 카메라 앞에서 반드시 항상 미소를 지어야 한다는 점입니다. 결국, 반짝이고 있다고 해서 모두 금은 아닌 것입니다.

고득점 추가 질문 및 답변 키워드

○ 질문   What do you think about some celebrities earning incredible amount of money?
믿기 힘들 정도로 많은 돈을 버는 일부 유명인에 대해서 어떻게 생각하나요?

○ 답변 키워드   I'm jealous of them. 질투심이 생깁니다.
don't have any freedom to do whatever they want
무엇이든 원하는 것을 할 자유가 전혀 없다
don't deserve that much money 그렇게 많은 돈을 받을 자격이 없다
make ordinary people like me feel frustrated 나처럼 평범한 사람들이 좌절감을 느끼게 만들다

어휘 world-renowned 세계적으로 유명한 named A A라는 이름의 envious 부러워하는 rather 다소, 약간, 오히려 dreadful 끔찍한, 지독한 overwhelmed 압도된 extra 여분의, 별도의 what's worse 더 심각한 것 survive 살아남다 multiple 여럿의, 다수의 due to ~로 인해, ~ 때문에 mean 심술궂은, 못된, 비열한 comment 비판, 의견, 발언 in front of ~ 앞에 go through ~을 겪다, 거치다 after all 결국, 어쨌든

송쌤의 5초 표현 특강

- assume that   ~라고 생각하다, 추정하다
- anything but   결코 그렇지 않은
- keep up with   ~에 발맞춰 가다, 뒤떨어지지 않다
- struggle to 동사원형   ~하기 위해 몸부림치다, 힘겹게 ~하다
- no matter what   ~이든 상관없이
- all that glitters is not gold   반짝이고 있다고 해서 모두 금은 아니다

Q3 Do you think it's a good idea to require students to choose their major before entering university?

브레인 스토밍

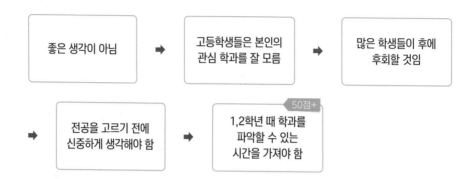

좋은 생각이 아님 ➡ 고등학생들은 본인의 관심 학과를 잘 모름 ➡ 많은 학생들이 후에 후회할 것임

➡ 전공을 고르기 전에 신중하게 생각해야 함 ➡ [50점+] 1,2학년 때 학과를 파악할 수 있는 시간을 가져야 함

◀ MP3 AT4_10

모범 답변 35+

Well, I <u>don't think</u> it's a <u>good idea</u>. First of all, high school students <u>don't know which subject</u> they are interested in or <u>which subject they</u> are eager to <u>study more</u>. In that circumstance, if students are required to choose their major, a number of students would <u>regret it later</u>, and this definitely <u>isn't a good idea</u>. So, I think students <u>need more time to think</u> and <u>study carefully</u> before they choose their major.

필수패턴 핵심 내용

음, 저는 좋은 아이디어라고 생각하지 않습니다. 가장 먼저, 고등학생들은 어느 학과에 관심이 있는지 또는 어느 학과에서 더 공부하기를 열망하는지 알지 못합니다. 이러한 상황에서, 학생들이 전공을 선택해야 한다면, 많은 학생들이 나중에 후회하게 될 것이기 때문에 분명 좋지 않은 아이디어입니다. 따라서, 학생들이 전공을 선택하기 전에 더 많은 시간을 갖고 생각해 보면서 신중히 살펴 봐야 한다고 생각합니다.

어휘 choose ~을 선택하다 major 전공 subject 학과 be interested in ~에 관심이 있다 circumstance 상황, 사정 a number of 많은 (수의) regret 후회하다 definitely 분명히, 확실히 study 살펴 보다, 조사하다 carefully 신중히

송쌤의 5초 표현 특강

- require A to 동사원형 A에게 ~하도록 할 필요가 있다, ~하도록 요구하다
- be eager to 동사원형 ~하기를 열망하다, 간절히 바라다

🔊 MP3 AT4_11

모범 답변 50+

I don't view it as a good idea that students should be required to choose their major before entering college. First and foremost, most high school students are rarely conscious of what they are interested in, so forcing them to choose their major even before starting college can be too harsh. They would choose their major just because they are told to do so without any sense of purpose. It would definitely result in many people changing their major in their first or second year, which could cost them a significant amount of time and money to start all over. Therefore, I think students must be allowed to spend their freshman and sophomore years taking general education courses so that they can major in the subject which they find interesting to study more deeply.

필수패턴 **핵심 내용**

학생들이 대학 입학 전에 전공을 선택해야 한다는 것이 좋은 아이디어로 보이지 않습니다. 먼저 가장 중요한 점으로, 대부분의 고등학생들은 관심 있어 하는 것에 대해 좀처럼 자각하지 못하고 있기 때문에, 심지어 대학 생활을 시작하기도 전에 억지로 전공을 선택하게 하는 것은 너무 가혹할 수 있습니다. 이들은 아무런 목적 의식 없이 단지 그렇게 하라는 말을 듣기 때문에 전공을 선택하게 될 것입니다. 이는 분명 많은 사람들이 1~2학년에 전공을 바꾸도록 초래해, 상당한 시간과 돈을 들여야 처음부터 다시 시작할 수 있습니다. 따라서, 저는 반드시 학생들이 일반 교육 과정을 수강하는 데 1~2학년을 보내도록 허용해야 더 깊이 있게 공부하는 것이 흥미롭다고 생각하는 학과를 전공할 수 있을 것이라고 생각합니다.

어휘 rarely 좀처럼 ~ 않다 harsh 가혹한 be told to do ~하라는 말을 듣다 sense of purpose 목적 의식 significant 상당한, 많은 start all over 처음부터 다시 시작하다 therefore 따라서, 그러므로 sophomore 2학년 general 일반적인 so that (결과) 그래야, 그래서 (목적) ~할 수 있도록 major in ~을 전공하다

고득점 추가 질문 및 답변 키워드

🔊 MP3 AT4_12

○ 질문　　Are you satisfied with your country's education system?
　　　　　당신은 국가의 교육 시스템에 만족하나요?

○ 답변 키워드　Having only one chance to take a university exam a year is too harsh.
　　　　　대학 입학 시험을 치를 기회가 오직 일년에 한 번뿐인 것은 너무 가혹합니다.

　　　　　It's fair(unfair). 공평(불공평)합니다.
　　　　　Something must be changed. 반드시 뭔가 바뀌어야 합니다.
　　　　　I like(dislike) the way 주어 + 동사. 저는 ~가 ~하는 방식이 마음에 듭니다. (들지 않습니다.)

Q4 Please describe the graph in as much detail as you can.
가능한 한 상세하게 그래프를 설명해 주세요.

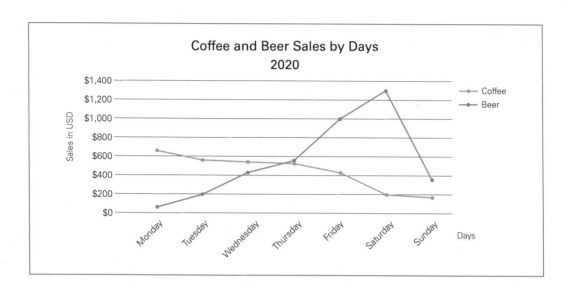

Coffee and Beer Sales by Days
2020

**브레인
스토밍**

그래프 파악	종류 line graph 라인그래프
	그래프 제목
	Coffe and Beer Sales by Days 요일별 커피 및 맥주 매출액
	세로축 Sales in USD 매출액 단위 미국 달러
	가로축 Days 요일

특징 파악	맥주 판매량 급격하게 감소
	커피 판매량 점진적으로 감소

모범 답변 35+

This is a line graph about **coffee and beer sales by days**. The vertical axis represents **the amount of money, and** the horizontal axis represents **the days.** From the graph, **beer sales** increase from **Monday** until **Saturday, and** they drop dramatically **on Sunday. However, I** don't see a lot of changes **in coffee sales. They just** continue to drop slowly from **Monday to Sunday.**

필수패턴

이 라인 그래프는 요일별 커피 및 맥주 매출액과 관련된 것입니다. 세로축은 금액을 나타내며, 가로 축은 요일을 나타냅니다. 이 그래프에서, 맥주 매출액이 월요일부터 토요일까지 증가하고 있지만, 일요일에 급격히 감소합니다. 하지만, 커피 매출액에 있어서는 많은 변화가 보이지 않습니다. 단지 월요일부터 일요일까지 지속적으로 서서히 감소합니다.

어휘 in as much detail as you can 가능한 한 상세하게 sales 매출(액), 판매(량) vertical axis 세로축 represent ~을 나타내다 amount of money 금액 horizontal axis 가로축 increase 증가하다, 오르다 drop 감소하다, 하락하다 dramatically 급격하게 however 하지만 change in ~에 있어서의 변화 continue to 동사원형 지속적으로 ~하다

모범 답변 50+

This is a line graph that shows **the changes in sales of coffee and beer by the days of the week.** The vertical axis shows **the sales amount in US dollars, and** the horizontal axis shows **the days of the week. According to the graph,** it says **beer sales** gradually increase from **Monday** until reaching its peak **on Saturday and** dropping dramatically **on Sunday. On the other hand, coffee sales** continue to drop steadily from **Monday to Sunday.**

필수패턴

이 라인 그래프는 일주일 중 요일별로 커피 및 맥주의 매출액 변화를 보여 줍니다. 세로 축은 미국 달러로 매출액을 나타내고 있으며, 가로 축은 일주일의 요일을 나타냅니다. 이 그래프에 따르면, 맥주 매출액은 월요일부터 점차적으로 증가해 토요일에 정점에 이르렀다가 일요일에 급격히 감소하는 것으로 나타납니다. 반면에, 커피 매출액은 월요일부터 일요일까지 지속적으로 꾸준히 감소합니다.

어휘 according to ~에 따르면 say (문서, 표지판 등에) ~라고 나타나 있다, 쓰여 있다 gradually 점차적으로 reach ~에 이르다, 도달하다 peak 정점, 절정, 최고조 on the other hand 반면에, 한편 steadily 꾸준히, 한결같이

Actual Test 5

송쌤의 총평 듣기 ▷

문제 구성

Q1
개인 질문

주제 일상 [현재]

질문 얼마나 자주 음악을 듣는 지

난이도 ★★

송쌤의 답변 TIP 현재시제 및 빈도 표현 유의하여 답변

Q2
지문 요약하기

주제 단순 요약

지문 내용 사람이 화를 내는 일

└ 추가질문 화를 어떻게 조절하고 있는지 50점+

난이도 ★★★★

송쌤의 답변 TIP 지문에 나열된 사실들을 되도록 기억하여 답변

Q3
의견을 묻는 질문

주제 문화

질문 가장 흔한 지불 수단인 신용카드에 대한 의견

난이도 ★★★

송쌤의 답변 TIP 지불수단과 관련 브레인스토밍이 중요 포인트

Q4
사진 설명하기

주제 사진 묘사하기

난이도 ★★★

송쌤의 답변 TIP 중심 대상의 동작 중심으로 표현하여 답변

108   시원스쿨 SPA 실전 모의고사

필수 패턴

- **Frankly speaking, 주어 + 동사.**

  솔직히 말해서, ~이 ~합니다.

  Frankly speaking, I don't listen to music that much these days.

- **Compared to the past, the number of times 주어 + 동사 has decreased, I guess.**

  과거에 비해, ~이 ~하는 횟수가 줄어든 것 같습니다.

  Compared to the past, the number of times I listen to music has decreased, I guess.

  ▷▷ Q1

- **I can(not) afford to 동사원형.**

  ~할 여유가 있습니다. (없습니다.)

  I can't afford to listen to music that often.

- **주어 (dis)agree(s) with 명사.**

  ~가 ~에 동의합니다. (동의하지 않습니다.)

  Becoming angry is not good, but Aristotle disagrees with this.

- **Wh-words to 동사**

  wh-하게 ~하다.

  Next is to know how to control your anger.

  ▷▷ Q2

- **Last but not least, 주어 + 동사.**

  마지막으로 마찬가지로 중요한 것으로, ~이 ~하는 것입니다.

  Last but not least, there must be a good reason for your anger.

- **A is much/a lot/far 비교급 compared to B.**
  A가 B에 비해 훨씬 ~합니다.
  It's much safer compared to cash.

- **Even if 주어 + 동사, ~ .**
  ~이 ~한다고 하더라도, ~ .
  Even if you lose your credit card, everything will be okay if you call ▸▸ Q3
  the credit card company.

- **make it 형용사 to 동사**
  ~하는 것이 ~하게 만들다
  All the payments will remain in the system, making it almost
  impossible to commit tax fraud.

- **I guess this picture was taken in(at) a(an) 장소.**
  이 사진은 ~에서 찍힌 것 같습니다.
  I guess this picture was taken in a meeting room.

- **What I see first is A.**
  A가 가장 처음으로 보입니다.   ▸▸ Q4
  What I see first is four people around the table.

- **It seems like 주어 + 동사.**
  ~가 ~을 하는 것처럼 보입니다.
  It seems like they don't agree with each other.

필수 패턴 적용해 보기

앞서 배운 필수 패턴을 활용하여 나만의 답변을 만들어 보세요.

- **Frankly speaking, 주어 + 동사.**

  _____

- **Compared to the past, the number of times 주어 + 동사 has decreased, I guess.**

  _____

- **I can(not) afford to 동사원형.**

  _____

- **주어 (dis)agree(s) with 명사.**

  _____

- **Wh-words to 동사**

  _____

- **Last but not least, 주어 + 동사.**

  _____

- **A is much/a lot/far 비교급 compared to B.**

  _____

- **I guess this picture was taken in(at) a(an) 장소.**

  _____

- **What I see first is A..**

  _____

- **It seems like 주어 + 동사.**

  _____

Q1 How often do you listen to music?
얼마나 자주 음악을 듣나요?

브레인 스토밍

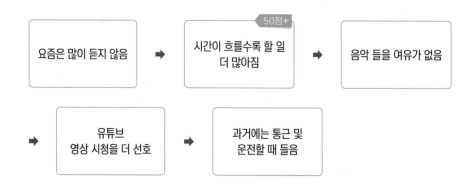

MP3 AT5_2

모범 답변 35+

Frankly speaking, I <u>don't listen to music</u> that much <u>these days</u> because I don't <u>have enough time</u> to listen to music. Plus, if I have time, I prefer to <u>watch short video clips on YouTube</u> because it's <u>more fun</u>. However, <u>in the past</u>, I used to listen to music <u>more often</u> when <u>commuting or driving</u>.

필수패턴 `핵심 내용`

솔직히 말해서, 저는 요즘 음악을 그렇게 많이 듣지 않는데, 음악을 들을 만큼 시간이 충분히 나지 않기 때문입니다. 게다가, 시간이 나는 경우에는, 유튜브로 짧은 동영상을 보는 것을 선호하는데, 그게 더 재미 있기 때문입니다. 하지만, 예전에는, 통근하거나 운전할 때 음악을 더 자주 듣곤 했습니다.

어휘 frankly speaking 솔직히 말해서　these days 요즘　listen to ~을 듣다　plus 게다가, 더구나　prefer to 동사원형 ~하는 것을 선호하다　video clip 동영상　however 하지만　in the past 예전에, 과거에　commute 통근하다

송쌤의 5초 발음 특강

- frankly [프랭-클리]
- used to [유즈-트]
  used to는 한 단어처럼 유즈-트 라고 발음 합니다.
- commute [커뮤우-트]

모범 답변 50+

Well, compared to the past, <u>the number of times</u> I listen to music <u>has decreased</u>, I guess. That's because as time went by, I <u>got so many more things to do on my plate</u> than in the past, so I <u>can't afford to listen to music that often</u>. Furthermore, with the advancement of streaming services, like YouTube, I tend to <u>watch short video clips more</u> rather than just listening to music when I get the chance. So, I don't think I listen to music that often these days.

필수패턴 <u>핵심 내용</u>

- -

음, 과거에 비해, 제가 음악을 듣는 횟수가 줄어든 것 같습니다. 그 이유는 시간이 흐를수록 예전보다 해야 할 일이 아주 더 많이 생겼기 때문에, 그렇게 자주 음악을 들을 여유가 없어서입니다. 더욱이, 유튜브 같은 재생 서비스의 발전과 더불어, 기회가 생길 때 단지 음악을 듣는 것보다는 짧은 동영상을 시청하는 경향이 있습니다. 그래서, 요즘 그렇게 자주 음악을 듣는 것 같지 않습니다.

어휘 compared to ~에 비해, ~와 비교해 the number of times 횟수 decrease 줄어들다, 감소하다 as time goes by 시간이 흐를수록 than in the past 예전보다, 과거보다 that often 그렇게 자주, 그 정도로 자주 furthermore 더욱이, 게다가 advancement 발전, 진보 streaming service 재생 서비스 tend to 동사원형 ~하는 경향이 있다 video clip 동영상 rather than ~라기 보다는, ~가 아니라

 송쌤의 5초 표현 특강

- get many things to do on one's plate   해야 할 일이 많이 생기다
- can't afford to 동사원형   ~할 여유가 없다

Q2

You will listen to the story twice.

Please summarize it as much as you can.

같은 이야기를 두 번 들려 드립니다. 가능한 한 많은 내용을 요약해 주세요.

① Feeling angry is a natural part of life. It is unavoidable, yet most people believe becoming angry reflects a poor character. ② Aristotle, for one, would disagree. He argued that anger—if it is handled well—can be beneficial, and he provided some guidelines for constructive anger. ③ First, your anger should be directed at the correct person. ④ Second, your anger should be controlled. After that, you should be angry in a respectable manner. ⑤ In other words, you should not let your anger be an excuse for shameful actions. ⑥ Finally, and perhaps most importantly, you should be angry for a good reason.

① 화가 나는 것은 삶의 자연스러운 일부분입니다. 불가피한 일이기는 하지만, 대부분의 사람들은 화를 내는 것이 좋지 못한 성격을 반영한다고 생각합니다. ② 아리스토텔레스 자신은 이에 동의하지 않을 겁니다. 그는 잘 다뤄지기만 한다면 화를 내는 것이 유익할 수 있다고 주장했으며, 건설적으로 화를 내는 것에 대한 몇몇 가이드라인을 제공하기도 했습니다. ③ 첫째, 화를 내는 일이 정확한 사람을 대상으로 해야 합니다. ④ 둘째, 화를 조절해야 합니다. 그런 다음, 존중 받을 수 있는 방식으로 화를 내야 합니다. ⑤ 다시 말해서, 화를 내는 것이 망신스러운 행동에 대한 핑계가 되지 않도록 해야 합니다. 마지막으로, 그리고 아마 가장 중요한 부분일 수 있는데, ⑥ 합당한 이유로 화를 내야 합니다.

핵심내용 파악하기

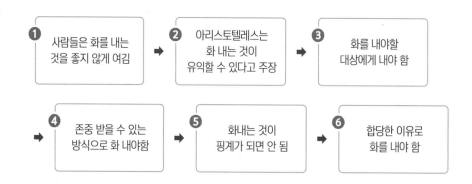

❶ 사람들은 화를 내는 것을 좋지 않게 여김

❷ 아리스토텔레스는 화 내는 것이 유익할 수 있다고 주장

❸ 화를 내야할 대상에게 내야 함

❹ 존중 받을 수 있는 방식으로 화 내야함

❺ 화내는 것이 핑계가 되면 안 됨

❻ 합당한 이유로 화를 내야 함

어휘 unavoidable 불가피한 yet 하지만 reflect ~을 반영하다 character 성격 for one ~ 자신은, ~ 자신으로서는 disagree 동의하지 않다 argue that ~라고 주장하다 anger 화, 분노 handle ~을 다루다 beneficial 유익한 provide ~을 제공하다 constructive 건설적인 correct 정확한, 올바른, 맞는 control ~을 조절하다, 통제하다 in other words 다시 말해서 excuse 핑계, 변명 shameful 망신스러운, 수치스러운 for a good reason 합당한 이유로

50점+ 고득점 Paraphrasing

❶

지문 Feeling angry is a natural part of life. It is unavoidable, yet most people believe becoming angry reflects a poor character.

50+ Even though feeling angry is natural, many people view it negatively.
화를 내는 것이 자연스러운 일이기는 하지만, 많은 사람들이 부정적으로 바라 봅니다.

❷

지문 Aristotle, for one, would disagree. He argued that anger—if it is handled well—can be beneficial, and he provided some guidelines for constructive anger.

50+ However, in this passage, Aristotle suggests that anger can sometimes be used in good ways, and he offers a set of guidelines on how to be angry in an appropriate manner.
하지만, 이 이야기에서, 아리스토텔레스는 화가 때로는 좋은 방식으로 활용될 수 있다고 주장하고 있으며, 적절한 방식으로 화를 내는 방법에 관한 일련의 가이드라인도 제공합니다.

❸

지문 First, your anger should be directed at the correct person.

50+ First is to never point your anger towards the wrong person.
첫 번째는 절대로 화가 엉뚱한 사람을 향하지 말아야 한다는 것입니다.

❹

지문 Second, your anger should be controlled. After that, you should be angry in a respectable manner.

50+ Next is to know how to control your anger.
다음은 화를 조절하는 방법을 알아야 한다는 것입니다.

❺

지문 In other words, you should not let your anger be an excuse for shameful actions.

50+ Then, you should always remain respectable and not use anger as an excuse for wrongdoings.
그 다음으로, 항상 존중하는 마음을 유지해야 하며, 옳지 못한 행위에 대한 핑계로 화를 이용하지 말아야 합니다.

❻

지문 Finally, and perhaps most importantly, you should be angry for a good reason.

50+ Last but not least, there must be a good reason for your anger.
마지막으로서 마찬가지로 중요한 것으로, 반드시 화를 내는 것에 대한 합당한 이유가 있어야 합니다.

CHAPTER 4 Actual Test 5

CHAPTER 4 Actual Test 5

듣기지문

① Feeling angry is a natural part of life. It is unavoidable, yet most people believe becoming angry reflects a poor character. ② Aristotle, for one, would disagree. He argued that anger—if it is handled well—can be beneficial, and he provided some guidelines for constructive anger. ③ First, your anger should be directed at the correct person. ④ Second, your anger should be controlled. After that, you should be angry in a respectable manner. ⑤ In other words, you should not let your anger be an excuse for shameful actions. ⑥ Finally, and perhaps most importantly, you should be angry for a good reason.

① 화가 나는 것은 삶의 자연스러운 일부분입니다. 불가피한 일이기는 하지만, 대부분의 사람들은 화를 내는 것이 좋지 못한 성격을 반영한다고 생각합니다. ② 아리스토텔레스 자신은 이에 동의하지 않을 겁니다. 그는 잘 다뤄지기만 한다면 화를 내는 것이 유익할 수 있다고 주장했으며, 건설적으로 화를 내는 것에 대한 몇몇 가이드라인을 제공하기도 했습니다. ③ 첫째, 화를 내는 일이 정확한 사람을 대상으로 해야 합니다. ④ 둘째, 화를 조절해야 합니다. 그런 다음, 존중 받을 수 있는 방식으로 화를 내야 합니다. ⑤ 다시 말해서, 화를 내는 것이 망신스러운 행동에 대한 핑계가 되지 않도록 해야 합니다. 마지막으로, 그리고 아마 가장 중요한 부분일 수 있는데, ⑥ 합당한 이유로 화를 내야 합니다.

모범답변 35+

This passage is about anger. According to the passage, many people think that becoming angry is not good, but Aristotle disagrees with this. He said it can be beneficial, so he provided some guidelines. First, you should be angry at the correct person. Second, you should control your anger. Third, you should get angry in a good manner. Lastly, you should be angry for a good reason.

필수패턴

이 이야기는 화에 관한 것입니다. 이야기 내용에 따르면, 많은 사람들이 화를 내는 것을 좋지 않게 생각하지만, 아리스토텔레스는 이에 동의하지 않습니다. 그는 화를 내는 것이 유익할 수 있기 때문에, 몇몇 가이드라인도 제공했습니다. 첫째, 정확한 사람에게 화를 내야 합니다. 둘째, 화를 조절해야 합니다. 셋째, 좋은 방식으로 화를 내야 합니다. 마지막으로, 합당한 이유로 화를 내야 합니다.

어휘 according to ~에 따르면 disagree with ~에 동의하지 않다 in a good manner 좋은 방식으로

모범 답변 50+

Even though **feeling angry is natural, many people** view it negatively. **However, in this passage, Aristotle suggests that anger can sometimes be used** in good ways, **and he offers a set of guidelines on how to be angry in an appropriate manner. First is to never point your anger towards the wrong person.** Next is to **know** how to **control your anger.** Then, **you should always remain respectable and not use anger as an excuse for wrongdoings. Last but not least, there must be a good reason for your anger.**

필수패턴

화를 내는 것이 자연스러운 일이기는 하지만, 많은 사람들이 부정적으로 바라 봅니다. 하지만, 이 이야기에서, 아리스토텔레스는 화가 때로는 좋은 방식으로 활용될 수 있다고 주장하고 있으며, 적절한 방식으로 화를 내는 방법에 관한 일련의 가이드라인도 제공합니다. 첫 번째는 절대로 화가 엉뚱한 사람을 향하지 말아야 한다는 것입니다. 다음은 화를 조절하는 방법을 알아야 한다는 것입니다. 그 다음으로, 항상 존중하는 마음을 유지해야 하며, 옳지 못한 행위에 대한 핑계로 화를 이용하지 말아야 합니다. 마지막으로 마찬가지로 중요한 것으로, 반드시 화를 내는 것에 대한 합당한 이유가 있어야 합니다.

고득점 추가 질문 및 답변 키워드

- 질문   How do you usually control your anger?
  일반적으로 어떻게 화를 조절하고 있나요?

- 답변 키워드   It differs/varies by what caused me to get angry.
  무엇이 저를 화나게 만들었는지에 따라 다릅니다.
  I try to meditate by 동사ing.
  저는 ~하는 것으로 명상을 하려 합니다.
  try not to think about what upsets me
  저를 화나게 하는 것에 대해 생각하지 않으려 합니다
  I drink/smoke/talk to someone to relieve my anger.
  저는 화를 누그러뜨리기 위해 술을 마십니다/담배를 피웁니다/누군가와 얘기합니다.

어휘 even though ~이기는 하지만   negatively 부정적으로   offer ~을 제공하다   a set of 일련의   how to 동사원형 ~하는 방법   appropriate 적절한   wrongdoing 옳지 못한 행위

송쌤의 5초 표현 특강

- be directed at   ~을 대상으로 하다, ~을 향하다
- in a respectable manner   존중 받을 수 있는 방식으로
- let A 동사원형   A에게 ~하게 하다

Q3

Nowadays, credit cards are the most common payment method in the world. What's more, some places like parking lots do not even accept cash anymore. What is your opinion on this matter?

브레인 스토밍

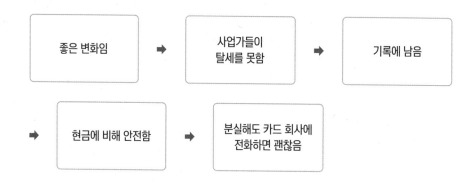

좋은 변화임 ➡ 사업가들이 탈세를 못함 ➡ 기록에 남음

➡ 현금에 비해 안전함 ➡ 분실해도 카드 회사에 전화하면 괜찮음

모범 답변 35+

I believe it's <u>a good change</u> for a few reasons. First of all, if the entire payment system works only by credit cards, business owners <u>cannot even try to evade taxes</u>. That's because the <u>entire record will remain in the system</u>. Second, it's <u>much safer</u> compared to <u>cash</u>. Even if you lose your credit card, <u>everything will be okay if</u> you call the credit card company.

필수패턴 <u>핵심 내용</u>

- -

저는 몇 가지 이유로 좋은 변화라고 생각합니다. 가장 먼저, 모든 지불 시스템이 오직 신용카드에 의해서만 작동된다면, 사업주들이 탈세하려 하지 못할 수도 있습니다. 그 이유는 모든 기록이 시스템에 남아 있게 되기 때문입니다. 두 번째로, 현금에 비해 훨씬 더 안전합니다. 설사 신용카드를 분실한다 하더라도, 신용카드회사에 전화하면 모든 게 괜찮을 겁니다.

어휘 common 흔한 payment method 지불 수단 parking lot 주차장 accept ~을 받아들이다, 수용하다
matter 문제, 사안 work (기계 등이) 작동되다, 기능하다 business owner 사업주, 경영주 try to do ~하려 하다 evade taxes 탈세하다 remain 남아 있다 much (비교급 강조) 훨씬 even if 설사 ~라 하더라도
lose ~을 분실하다

요즘, 신용카드가 세계에서 가장 흔한 지불 수단입니다.
더구나, 주차장 같은 곳들은 심지어 더 이상 현금을 받지도 않고 있습니다.
이 문제에 대해 어떻게 생각하나요?

모범 답변 50+

I think it is great to see that credit cards are the most used payment method for a couple of reasons. First, there will be fewer tax evasion attempts done by business owners because all the payments will remain in the system, making it almost impossible to commit tax fraud. Next, it is also beneficial for consumers because those who use credit cards don't have to worry about losing money when they misplace their wallets. When you lose cash, it's gone forever. On the other hand, with credit cards, all you have to do is make a phone call to the credit card company to report your loss, and then all the necessary work to get it replaced with a new one will be processed right away. For these reasons, I think the switchover to credit cards is beneficial to our society.

필수패턴 **핵심 내용**

저는 몇 가지 이유로 신용카드 가장 많이 사용되고 있는 지불 수단이라는 사실을 알게 되어 아주 좋은 것 같습니다. 우선, 사업주들에 의해 시도되는 탈세가 덜 발생될 텐데, 모든 비용 지불 기록이 시스템에 남게 되어 세금 사기를 저지르는 것을 거의 불가능하게 만들기 때문입니다. 다음으로, 신용카드를 사용하는 사람들이 지갑을 둔 곳을 잊을 때 돈을 분실하는 것에 대해 걱정할 필요가 없기 때문에 소비자들에게도 유익합니다. 현금을 분실하면, 영원히 사라지게 됩니다. 반면에, 신용카드의 경우는, 신용카드회사에 전화해 분실 신고를 하기만 하면 되며, 그 후에는 새 카드로 교체 받는 데 필요한 모든 작업이 즉시 처리됩니다. 이러한 이유들로 인해, 신용카드로의 전환이 우리 사회에 유익하다고 생각합니다.

어휘 the most used 가장 많이 사용되는 tax evasion 탈세 attempt 시도 commit ~을 저지르다 fraud 사기 beneficial 유익한, 이로운 consumer 소비자 worry about ~에 대해 걱정하다 misplace ~을 둔 곳을 잊다, ~을 제자리에 두지 않다 necessary 필요한, 필수의 process ~을 처리하다 right away 즉시 switchover to ~로의 전환, 변경

🅘 송쌤의 5초 표현 특강

- make it impossible to 동사원형   ~하는 것을 불가능하게 만들다
- those who   ~하는 사람들
- don't have to 동사원형   ~할 필요가 없다
- be gone forever   영원히 사라지다
- on the other hand   반면에, 다른 한편으로는
- all you have to do is 동사원형   ~하기만 하면 된다
- make a phone call to   ~에 전화하다
- replace A with B   A를 B로 교체하다
- get A 동사p.p.   A를 ~되게 하다

Q4 Please describe the picture in as much detail as you can.
가능한 한 상세하게 사진을 설명해 주세요.

브레인 스토밍

❶ 장소
회의실

➡

❷ 처음 보이는 대상
테이블 주변의
4명의 사람들

➡

❸ 중심 인물 특징
언쟁을 하는 것 같아
보임

➡

❹ 주변 대상 특징
남자 둘은 앉아서
왼쪽 여자 보고 있음

➡

❺ 마무리
• 벽 위에 화이트
보드, 시계 보임
• 종이컵 2개, 문서와
노트 보임

❶ a meeting room

❷ four people around the table

❸ they are arguing over something

❹ The two men who are sitting down seem to be watching
the reaction of the woman on the left 50점+

❺ On the table, there are 2 paper cups, documents, and notes
and I also see a whiteboard and a clock hanging on the wall 50점+

MP3 AT5_13

모범 답변 35+

This is a picture of <u>a meeting room</u>. There are <u>four people around the table</u>. Two of them are women, and I think they are <u>arguing over something</u>. It seems like they <u>don't agree with each other</u>. On the table, there are <u>cups</u>. On the wall, there is <u>a whiteboard and a clock</u>.

필수패턴 **핵심 내용**

이 사진은 회의실 사진입니다. 탁자 주변으로 네 사람이 있습니다. 그 중 두 명은 여성이며, 뭔가에 대해 언쟁하고 있는 것 같습니다. 서로 동의하지 않는 것처럼 보입니다. 탁자 위에는, 컵들이 있습니다. 벽에는, 화이트보드와 시계가 있습니다.

어휘 **in as much detail as you can** 가능한 한 상세하게 **around** ~ 주변에, ~을 둘러 **argue** 언쟁하다 **over** ~에 대해, ~을 두고 **It seems like** ~하는 것처럼 보이다, ~하는 것 같다 **agree with each other** 서로 동의하다

MP3 AT5_14

모범 답변 50+

I guess this picture was taken in <u>a meeting room</u>. What I see first is <u>four people around the table</u>: 2 men sitting and 2 women <u>standing while looking at each other</u>. It seems like the women are <u>having an argument over something</u> because the woman on the left is <u>making a hand gesture with her eyes and mouth wide open</u>. The two men who are <u>sitting down</u> seem to be <u>watching the reaction</u> of the woman on the left. On the table, there are <u>2 paper cups</u>, <u>documents</u>, and <u>notes</u> and I also see <u>a whiteboard and a clock hanging on the wall</u>.

필수패턴 **핵심 내용**

이 사진은 회의실에서 찍힌 것 같습니다. 가장 먼저 보이는 것은 탁자 주변에 있는 네 명의 사람들이며, 두 명의 남성이 앉아 있고, 두 명의 여성이 서로 바라보면서 서 있습니다. 이 여성들은 뭔가에 대해 언쟁하고 있는 것처럼 보이는데, 왼쪽에 있는 여성이 눈을 크게 뜨고 입을 크게 벌린 채로 손동작을 하고 있기 때문입니다. 자리에 앉아 있는 두 명의 남성은 왼쪽에 있는 여성의 반응을 보고 있는 것 같습니다. 탁자 위에는 종이컵 두 개와 문서, 그리고 노트가 있으며, 벽에 걸려 있는 화이트보드와 시계도 보입니다.

어휘 **while** ~하면서, ~하는 동안 **look at each other** 서로 바라보다 **have an argument** 언쟁하다 **on the left** 왼쪽에 **make a hand gesture** 손동작을 하다 **with eyes wide open** 눈을 크게 뜬 채로 **seem to 동사원형** ~하는 것 같다, ~하는 것처럼 보이다 **reaction** 반응 **hang on the wall** 벽에 걸려 있다

Actual Test 6

송쌤의 총평 듣기 ▷

문제 구성

Q1
개인 질문

주제 일상 [미래]

질문 이번 주말에 할 일

난이도 ★ ★

송쌤의 답변 TIP 미래 시제에 유의하여 답변

Q2
지문 요약하기

주제 스토리텔링

지문 내용 에단이 사기 당한 일

  ↳ 추가질문 사람들이 사기 당하는 것을 막을 수 있는 방법은 무엇이라고
      생각하는 지 50점+

난이도 ★ ★ ★

송쌤의 답변 TIP 전체적인 이야기 흐름을 파악하여 답변

Q3
의견을 묻는 질문

주제 개인적인 선호

질문 선택권이 많은 것과 소수만 있는 것 중에서 어느 것을 선호하는 지

  ↳ 추가질문 결정을 내리는 데 있어 어려움을 겪어 본 적이 있는 지
      50점+

난이도 ★ ★ ★ ★

송쌤의 답변 TIP 주어진 선택권들의 장,단점 파악하여 답변

Q4
사진 설명하기

주제 사진 비교하기

난이도 ★ ★ ★

송쌤의 답변 TIP 공통점 및 차이점 표현에 유의하여 답변

필수 패턴

- **I'm going to 동사원형.**
  저는 ~할 것입니다.

  Honestly, I think I'm not going to do anything special this weekend.

- **Truth be told, I haven't 동사p.p yet.**
  사실대로 말하면, 저는 아직 ~하지 않았습니다.

  Truth be told, I haven't thought about it yet.

  ▶▶ Q1

- **I would rather 동사원형.**
  저는 차라리 ~하고 싶습니다.

  I'd rather just stay home and watch Netflix.

- **This passage is about 사람 named A.**
  이 지문은 A라는 이름의 사람에 관한 것입니다.

  This passage is about a man named Ethan.

  ▶▶ Q2

필수 패턴

- **주어 easily get sick and tire of 동사ing/명사.**
  ~(하는 것)을 아주 지겨워 합니다.

  I easily get sick and tired of doing just one thing.

- **I'm fond of 동명사/명사.**
  저는 ~(하는 것)을 좋아합니다.

  I'm fond of buying several pieces of cheap clothes rather than a
  few expensive ones.   ▷▷   Q3

- **If I 과거동사, I would(could) 동사원형.**
  제가 ~을 한다면, 저는 ~을 할 것입니다.

  If I were at Baskin-Robbins picking flavors, I would definitely go
  with many flavors by the same token.

- **Both pictures show wh-words 주어 + 동사.**
  두 사진 모두 wh-하게 ~이 ~하는 것을 보여줍니다.

  Both pictures show how people communicate.
  * wh-words: who, where, when, what, why, how 같은 단어들

- **To talk about the differences,
  the picture on the left depicts A, while the picture on the
  right shows B.**
  차이점을 이야기해 보자면,
  왼쪽 사진은 A를 묘사하는 반면, 오른쪽 사진은 B를 보여 주고 있습니다.   ▷▷   Q4

  To talk about the differences… the picture on the left depicts a
  person using email to deliver messages, while the picture on the
  right shows a person talking on the phone to convey messages.

필수 패턴 적용해 보기

앞서 배운 필수 패턴을 활용하여 나만의 답변을 만들어 보세요.

- **I'm going to 동사원형.**

  _____

- **Truth be told, I haven't 동사p.p yet.**

  _____

- **I would rather 동사원형.**

  _____

- **This passage is about 사람 named A.**

  _____

- **주어 easily get sick and tire of 동사ing/명사.**

  _____

- **I'm fond of 동명사/명사.**

  _____

- **If I 과거동사, I would/could 동사원형.**

  _____

- **Both pictures show wh-words 주어 + 동사**

  _____

- **To talk about the differences, the picture on the left depicts A, while the picture on the right shows B.**

  _____

Q1 What are you going to do this weekend?
이번 주말에 무엇을 할 예정인가요?

브레인 스토밍

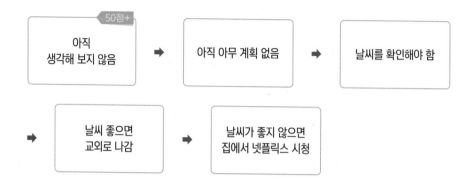

모범 답변 35+

Honestly, I think I'm <u>not going to do anything special</u> this weekend because I <u>don't have any plans</u> for the weekend yet. Well... I guess I'll need to <u>check the weather first</u>. If <u>the weather is good</u>, I'm going to <u>go out with my family</u>, but if <u>the weather is not good</u>, I'll just <u>stay home</u> and <u>watch Netflix</u>.

필수패턴 **핵심 내용**

솔직히, 아직 주말 계획이 전혀 없기 때문에 이번 주말에 어떤 특별한 일도 하지 않을 것 같습니다. 음… 제 생각에 날씨를 먼저 확인해 봐야 할 것 같습니다. 날씨가 좋으면, 가족과 함께 밖으로 나가겠지만, 날씨가 좋지 않으면, 그냥 집에 있으면서 넷플릭스를 볼 겁니다.

어휘 be going to 동사원형 ~할 예정이다   honestly 솔직히   have plans for ~에 대한 계획이 있다   **need to 동사원형** ~해야 하다, ~할 필요가 있다   check the weather 날씨를 확인하다   stay home 집에 머물러 있다

송쌤의 5초 발음 특강

• honestly [어-니스틀리]
  h 는 묵음입니다. 유의해서 발음해 주세요.

• truth [트루-뜨]
  th 의 번데기 발음을 유의해 주세요.
  윗니와 아랫니 사이에 혀가 공기를 내보내며 소리를 냅니다.

모범 답변 50+

Truth be told, I haven't thought about it yet... I mean, I <u>don't have any special plans</u> for the weekend for now. Well... what I'm going to **do on the weekend** will <u>depend a lot on how</u> good the weather will be. What I mean is that... if <u>the weather is good</u>, I'll be more likely to <u>go out to the park nearby with my family to get some fresh air</u>. However, if <u>the weather is not good</u>, for example, there might be some fine dust or it might be rainy... then I'd rather <u>just stay home</u> and <u>watch Netflix</u>.

필수패턴 핵심 내용

- -

사실대로 말하자면, 아직 생각해 보지 않았는데… 제 말은, 지금으로서는 특별한 주말 계획이 전혀 없습니다. 음… 주말에 제가 무엇을 하게 될지는 날씨가 얼마나 좋을지에 크게 좌우될 겁니다. 그러니까 제 말은… 날씨가 좋으면, 가족과 함께 시원한 바람이나 좀 쐬러 근처에 있는 공원으로 나갈 가능성이 더 커질 겁니다. 하지만, 날씨가 좋지 않으면, 예를 들어, 미세 먼지가 있거나 비가 내릴지도 모른다면… 그땐 차라리 그냥 집에 있으면서 넷플릭스를 보고 싶습니다.

어휘 **for now** 지금으로서는, 현재로는 **depend on** ~에 좌우되다, ~에 달려 있다 **be likely to 동사원형** ~할 가능성이 있다 **nearby** 근처에 있는 **however** 하지만 **fine dust** 미세 먼지 **then** 그땐, 그럼, 그렇다면

CHAPTER 4 | **Actual Test 6**

🔰 송쌤의 5초 표현 특강

- truth be told 사실대로 말하자면
- I'd rather 동사원형 차라리 ~하겠다

Q2 You will listen to the story twice. Please summarize it as much as you can.

같은 이야기를 두 번 들려 드립니다. 가능한 한 많은 내용을 요약해 주세요.

① Ethan received an email from one of his clients, Ms. Nichols at Ontario Solutions, in the middle of the night. ② In the email, Ms. Nichols explained how she needed their banking information to be updated due to some internal reorganization. Ethan didn't think much about it and ③ changed the account number in his company's records. Then, a few days later, Ethan transferred a monthly payment to Ontario Solutions for $21,000. However, ④ Ethan didn't get any confirmation of the transaction, and Ms. Nichols said that she had yet to receive the payment. She was also unaware of the email Ethan had been sent. It was then that ⑤ Ethan realized that he had been scammed.

① 에단은 한밤중에 고객들 중 한 명인 온타리오 솔루션즈 사의 니콜스 씨로부터 이메일을 하나 받았습니다. ② 그 이메일에서, 니콜스 씨는 회사 내부의 조직 개편으로 인해 니콜스 씨 회사의 금융 관련 정보가 어떻게 업데이트되어야 하는지 설명했습니다. 에단은 이에 대해 크게 개의치 않고 ③ 자신의 회사 기록에서 계좌 번호를 변경했습니다. 그 후, 며칠이 지나, 에단은 온타리오 솔루션즈에 월 지불액 21,000달러를 이체했습니다. 하지만, ④ 에단은 어떤 거래 확인서도 받지 못했고, 니콜스 씨도 아직 그 납입금을 받지 못했다고 말했습니다. 니콜스 씨는 에단이 받았던 이메일에 대해서도 알고 있지 못했습니다. 바로 그때 ⑤ 에단은 사기를 당했다는 것을 알게 되었습니다.

핵심내용 파악하기

어휘 receive ~을 받다 in the middle of the night 한밤중에 explain ~을 설명하다 due to ~로 인해, ~ 때문에 internal 내부의 reorganization 조직 개편, 재편성 account 계좌, 계정 transfer ~을 이체하다, 송금하다 monthly 월간의, 달마다의 payment 지불(액) confirmation 확인(서) transaction 거래 scam ⑤ ~에게 사기를 치다 ⑯ 사기

❶

지문
Ethan received an email from one of his clients, Ms. Nichols at Ontario Solutions, in the middle of the night. In the email, Ms. Nichols explained how she needed their banking information to be updated due to some internal reorganization.

50+
There is a man named Ethan. One day, he received an email from one of his clients saying that their banking information had to be updated.

에단이라는 이름의 한 남성이 있습니다. 어느 날, 그는 고객들 중 한 명으로부터 자신의 회사 금융 정보가 업데이트되어야 한다고 쓰여 있는 이메일을 받았습니다.

❷

지문
Ethan didn't think much about it and changed the account number in his company's records.

50+
Without much thought, he changed the records in his company's system.

별 생각 없이, 그는 회사 시스템상의 기록을 변경했습니다.

❸

지문
Then, a few days later, Ethan transferred a monthly payment to Ontario Solutions for $21,000. However, Ethan didn't get any confirmation of the transaction, and Ms. Nichols said that she had yet to receive the payment. She was also unaware of the email Ethan had been sent.

50+
After a few days, he transferred $21,000 to his client but never got a confirmation from them, and the client stated that they had never received the payment.

며칠이 지나서, 그는 그 고객에게 21,000달러를 이체했지만, 확인서를 전혀 받지 못했고, 해당 고객은 그 지불액을 받은 적이 없다고 말했습니다.

❹

지문
It was then that Ethan realized that he had been scammed.

50+
Ethan then realized that he had been scammed.

에단은 그때 사기를 당했다는 것을 알게 되었습니다.

듣기 지문

① Ethan received an email from one of his clients, Ms. Nichols at Ontario Solutions, in the middle of the night. ② In the email, Ms. Nichols explained how she needed their banking information to be updated due to some internal reorganization. Ethan didn't think much about it and ③ changed the account number in his company's records. Then, a few days later, Ethan transferred a monthly payment to Ontario Solutions for $21,000. However, ④ Ethan didn't get any confirmation of the transaction, and Ms. Nichols said that she had yet to receive the payment. She was also unaware of the email Ethan had been sent. It was then that ⑤ Ethan realized that he had been scammed.

① 에단은 한밤중에 고객들 중 한 명인 온타리오 솔루션즈 사의 니콜스 씨로부터 이메일을 하나 받았습니다. ② 그 이메일에서, 니콜스 씨는 회사 내부의 조직 개편으로 인해 니콜스 씨 회사의 금융 관련 정보가 어떻게 업데이트되어야 하는지 설명했습니다. 에단은 이에 대해 크게 개의치 않고 ③ 자신의 회사 기록에서 계좌 번호를 변경했습니다. 그 후, 며칠이 지나, 에단은 온타리오 솔루션즈에 월 지불액 21,000달러를 이체했습니다. 하지만, ④ 에단은 어떤 거래 확인서도 받지 못했고, 니콜스 씨도 아직 그 납입금을 받지 못했다고 말했습니다. 니콜스 씨는 에단이 받았던 이메일에 대해서도 알고 있지 못했습니다. 바로 그때 ⑤ 에단은 사기를 당했다는 것을 알게 되었습니다.

 MP3 AT6_6

모범 답변 35+

This story is about Ethan. One day, he received an email from his client that he needed to update the banking information. Ethan didn't think that much, and he updated the banking information. A few days later, Ethan transferred a monthly payment to the client, but he didn't get any confirmation of the transaction. He realized that it was a scam.

필수패턴

이 이야기는 에단에 관한 것입니다. 어느 날, 그는 금융 정보를 업데이트해야 하는 내용의 이메일을 고객으로부터 받았습니다. 에단은 그렇게 크게 개의치 않고 금융 정보를 업데이트했습니다. 며칠이 지나서, 에단은 그 고객에게 월 지불액을 이체했지만, 어떤 거래 확인서도 받지 못했습니다. 그는 그것이 사기였다는 것을 깨닫게 되었습니다.

어휘 that much 그렇게 크게, 그 정도로 많이

 송쌤의 5초 발음 특강

• transaction [츄뤤젝-숀]
  tr 은 자연스럽게 ㅊ 발음을 내주시고,
  sac 부분은 진동소리와 함께 zac 발음으로 소리를 냅니다.

모범 답변 50+

This passage is about a man named Ethan. One day, he received an email from one of his clients saying that their banking information had to be updated. Without much thought, he changed the records in his company's system. After a few days, he transferred $21,000 to his client but never got a confirmation from them, and the client stated that they had never received the payment. Ethan then realized that he had been scammed.

필수패턴

이 이야기는 에단이라는 이름의 한 남성에 관한 것입니다. 어느 날, 그는 고객들 중 한 명으로부터 자신의 회사 금융 정보가 업데이트되어야 한다고 쓰여 있는 이메일을 받았습니다. 별 생각 없이, 그는 회사 시스템상의 기록을 변경했습니다. 며칠이 지나서, 그는 그 고객에게 21,000달러를 이체했지만, 확인서를 전혀 받지 못했고, 해당 고객은 그 지불액을 받은 적이 없다고 말했습니다. 에단은 그때 사기를 당했다는 것을 알게 되었습니다.

고득점 추가 질문 및 답변 키워드

MP3 AT6_8

○ 질문   Scams have become a major social problem. What do you think are some ways to prevent people from getting scammed?
사기가 주요 사회적 문제가 되고 있습니다. 사람들이 사기 당하는 것을 막을 수 있는 방법이 무엇이라고 생각하나요?

○ 답변 키워드   tend to ignore advices on how to avoid getting scammed
사기 당하는 것을 피하는 방법에 관한 조언을 무시하는 경향이 있다
one's ignorance towards A   A에 대한 ~의 무시
keep/prevent/stop A from 동사ing   A가 ~하는 것을 못하게 하다/방지하다/막다
should be doubtful about A   A에 대해 의구심을 가져야 한다
something suspicious   의심스러운 것

어휘 without much thought 별 생각 없이 state that ~라고 말하다, 언급하다

🎙 송쌤의 5초 표현 특강

• need A to 동사원형   A를 ~해야 하다
• have yet to 동사원형   아직 ~하지 못하다
• be unaware of   ~을 알지 못하고 있다
• It was then that   바로 그때 ~했다
• realize that   ~임을 깨닫다, 알게 되다

CHAPTER 4 Actual Test 6

Q3
Which do you prefer, having many options or few options?
Suppose you are at Baskin-Robbins. Do you pick many flavors or just few?

브레인 스토밍

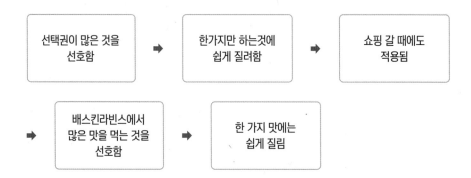

선택권이 많은 것을 선호함 → 한가지만 하는것에 쉽게 질려함 → 쇼핑 갈 때에도 적용됨

→ 배스킨라빈스에서 많은 맛을 먹는 것을 선호함 → 한 가지 맛에는 쉽게 질림

모범 답변 35+

I prefer <u>having many options</u>, and I have a reason for this. First of all, I easily <u>get sick and tired of doing just one thing</u>. So, when I <u>go shopping</u>, I'm fond of <u>buying several pieces of cheap clothes</u> rather than <u>a few expensive ones</u>. For the same reason, I like <u>having many flavors at Baskin-Robbins</u> because I would easily <u>get bored with just one flavor</u>.

필수패턴 <u>핵심 내용</u>

- -

저는 선택권이 많은 것을 선호하는데, 이에 대한 이유가 하나 있습니다. 가장 먼저, 저는 딱 한 가지만 하는 것을 아주 금방 지겨워합니다. 그래서, 쇼핑하러 가면, 소수의 비싼 것보다 여러 가지 저렴한 옷을 구입하는 것을 좋아합니다. 같은 이유로, 배스킨 라빈스에서 여러 가지 맛을 먹는 것을 좋아하는데, 딱 한 가지 맛만 먹는 게 금방 싫증 나기 때문입니다.

어휘 prefer 선호하다 suppose (that) ~라고 가정하다 pick ~을 고르다 flavor 맛, 풍미 get sick and tired of ~을 아주 지겨워하다 be fond of ~을 좋아하다 several 여럿의 get bored with ~에 싫증 나다

🔊 송쌤의 5초 발음 특강

- clothes [클로우-즈]
  close와 같은 발음으로 소리를 냅니다. Cloth는 [클로우쓰] 번데기 발음으로 헝겊, 천 이라는 뜻이고, clothes는 옷이라는 뜻으로 발음은 close와 동일합니다. [클로띠즈]로 발음하지 않도록 유의합니다.
- jaded [줴이디드]
- token [토우큰]
- eventually [이벤츄얼리]

선택권이 많은 것과 소수만 있는 것 중에서 어느 것을 선호하나요? 배스킨 라빈스에 와 있다고 가정해 보세요. 여러 가지 맛을 고르나요, 아니면 단지 소수만 고르나요?

🔊 MP3 AT6_11

모범 답변 50+

I personally prefer having many options to few options. That's because... I easily get jaded after having had too much of one thing. This applies when I go shopping as well. Whenever I go shopping, I prefer buying a lot of inexpensive clothes to buying a few expensive pieces because I like wearing different clothes every day. Next, if I were at Baskin-Robbins picking flavors, I would definitely go with many flavors by the same token. I'm more likely to get bored with eating the same flavor, and the ice cream would eventually end up in my trash can. This is why I pick as many flavors as possible when I go to Baskin-Robbins.

필수패턴 핵심 내용

저는 개인적으로 소수의 선택권보다 여러 가지 선택권이 있는 것을 선호합니다. 그 이유는… 한 가지를 너무 많이 하면 쉽게 물리기 때문입니다. 이는 쇼핑하러 가는 경우에도 적용됩니다. 저는 쇼핑하러 갈 때마다, 소수의 비싼 옷을 사는 것보다 비싸지 않은 옷을 많이 사는 것을 선호하는데, 매일 다른 옷을 입는 것을 좋아하기 때문입니다. 다음으로, 배스킨 라빈스에 가서 맛을 고르게 된다면, 분명 같은 이유로 여러 가지 맛으로 정할 겁니다. 같은 맛을 먹는 게 싫증날 가능성이 더 크기 때문에, 그 아이스크림을 결국 쓰레기통에 버리게 될 겁니다. 이것이 바로 제가 배스킨 라빈스에 갈 때 가능한 한 많은 맛을 고르는 이유입니다.

고득점 추가 질문 및 답변 키워드

🔊 MP3 AT6_12

○ 질문　　　 Have you ever had difficulty in making a decision?
　　　　　　 결정을 내리는 데 있어 어려움을 겪어 본 적이 있나요?

○ 답변 키워드　 I'm wishy-washy/indecisive. 저는 우유부단합니다.
　　　　　　 I'm firm/decisive. 저는 단호합니다.
　　　　　　 When I face A, I tend to 동사. 저는 A에 직면할 때, ~하는 경향이 있습니다.

어휘 prefer A to B B보다 A를 선호하다　get jaded 물리다, 싫증 나다　apply 적용되다　as well ~도, 또한
whenever ~할 때마다　inexpensive 비싸지 않은　definitely 분명히, 확실히　go with ~으로 정하다
eventually 결국, 마침내　end up in 결국 ~로 들어가게 되다

ℹ 송쌤의 5초 표현 특강

• by the same token　같은 이유로
• be more likely to 동사원형　~할 가능성이 더 크다
• as many A as possible　가능한 한 많은 A

Q4

Please compare and contrast these two pictures.

다음 두 사진을 비교하고 대조해 주세요.

브레인 스토밍

❶ 공통점 찾기
- 사람들이 하는 의사 소통
- 두 남자 모두 안경 쓰고 있음

➡ ❷ 왼쪽 사진 특징

이메일로 의사소통

❸ 오른쪽 사진 특징

전화로 의사소통

➡ ❹ 내 의견

의사 소통 방식으로 이메일 선호

❶ how people communicate
Both pictures show different types of communication. ◀50점+
Both men in the pictures are wearing glasses. ◀50점+

❷ using email to communicate
using email to deliver messages ◀50점+

❸ talking on the phone to communicate
talking on the phone to convey messages ◀50점+

❹ I think using email is a better way to communicate with others.
I personally prefer to communicate with people by email. ◀50점+

모범 답변 35+

Okay, both pictures show how people communicate. However, in the left picture, the man is using email to communicate, and in the right picture, the man is talking on the phone to communicate. I think using email is a better way to communicate with others. That's because it's more convenient and I can save the messages for later.

필수패턴

- -

자, 두 사진 모두 사람들이 연락을 주고받는 방법을 보여 줍니다. 하지만, 왼쪽 사진 속에 있는 남자는 이메일을 활용해 연락하고 있고, 오른쪽 사진에 있는 남자는 전화 통화를 하면서 연락하고 있습니다. 저는 이메일을 활용하는 것이 다른 이들과 연락하는 더 좋은 방법이라고 생각합니다. 그 이유는 더 편리하고 나중을 위해 메시지를 저장할 수 있기 때문입니다.

어휘 compare ~을 비교하다 contrast ~을 대조하다 talk on the phone 전화 통화하다 way to do ~하는 방법 for later 나중을 위해

모범 답변 50+

Okay, let me start by talking about the similarities. Both pictures show different types of communication and both men in the pictures are wearing glasses as well. To talk about the differences… the picture on the left depicts a person using email to deliver messages, while the picture on the right shows a person talking on the phone to convey messages. Even though there are always two sides to everything, I personally prefer to communicate with people by email. That's because I can think thoroughly before sending an email. Also, I can store messages and search for them at any time from anywhere.

필수패턴

- -

자, 유사성을 이야기하는 것으로 시작해 보겠습니다. 두 사진은 서로 다른 종류의 연락 방법을 보여 주고 있으며, 사진 속에 있는 두 남성은 안경도 착용하고 있습니다. 차이점을 이야기해 보자면… 왼쪽 사진은 이메일을 활용해 메시지를 전달하는 사람을 묘사하는 반면, 오른쪽 사진은 전화 통화를 하면서 메시지를 전하는 사람을 보여 주고 있습니다. 모든 것에는 항상 장단점이 존재하기는 하지만, 저는 개인적으로 이메일로 사람들과 연락하는 것을 선호합니다. 그 이유는 이메일을 보내기 전에 꼼꼼하게 생각해 볼 수 있기 때문입니다. 또한, 메시지를 저장했다가 언제 어디서든 찾아볼 수도 있습니다.

어휘 similarity 유사성 deliver message 메시지를 전달하다 convey ~을 전하다, 전달하다 thoroughly 꼼꼼히, 철저히 at any time 언제든지, 아무 때나 from anywhere 어디서든

- there are always two sides to everything 모든 것에는 항상 장단점이 존재한다, 양면성이 있다
사진 비교 설명이나 의견을 묻는 질문에 유용한 표현!

송쌤의 총평 듣기 ▷

문제 구성

Q1 개인 질문	주제 기분 [현재] 질문 오늘의 컨디션 난이도 ★ ★ [송쌤의 **답변 TIP**] 시제에 유의하여 답변
Q2 지문 요약하기	주제 단순 요약 지문 내용 성공을 통해 얻는 보상 　└ 추가질문 성공 또는 실패 중에서 무엇으로부터 더 많이 배우는 지 　　[50점+] 난이도 ★ ★ ★ ★ [송쌤의 **답변 TIP**] 지문에 소개된 예를 잘 활용하여 이해 및 답변
Q3 의견을 묻는 질문	주제 인사 및 행정 질문 학력과 경력 중, 어느 것이 고용 과정에서 더 중요한 지 난이도 ★ ★ ★ ★ [송쌤의 **답변 TIP**] 적절한 이유를 들어 설명하는 것이 포인트
Q4 그래프 묘사하기	주제 파이 그래프 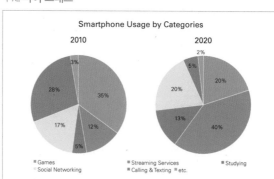 난이도 ★ ★ ★ [송쌤의 **답변 TIP**] 파이 그래프의 특징 및 두 그래프의 가장 눈에 띄는 차이점 및 변화를 파악하는 것이 중요

필수 패턴

- **주어 can't help but 동사원형.**

  ~가 ~하지 않을 수 없었습니다.

  I can't help but feel worried.

- **주어1 + 동사1 expect that 주어2 + 동사2.**

  ~(주어1)이 ~(동사1)하는 것을 제외하면 ~(주어2)이 ~(동사2)합니다.

  I'm feeling good except that I feel a bit nervous about this test.

- **It seems 형용사 to 동사원형.** ▸▸ Q1

  그것은 ~하기가 ~합니다.

  It seems difficult to get a high score on this test.

- **주어 find(s) it 형용사 to 동사원형.**

  ~하는게 ~하다고 생각합니다.

  I found it hard to get information or practical tips on how to get a good grade on this test.

- **주어1 + 동사1, and it is the reason why 주어2 + 동사2.**

  ~(주어1)이 ~(동사1)하면, 이것이 바로 ~(주어2)가 ~(동사2)를 합니다.

  If a baseball player hits a homerun, the crowd cheers for him, and it is the reason why they sometimes hit multiple homeruns. ▸▸ Q2

- **주어1+동사1 in a way that (주어2)+ 동사2.**

  ~(주어1)이 ~(동사1)을 하는 방식으로 ~(주어2)가 ~(동사2)를 합니다.

  Our brain works in a way that leads us to become successful.

필수 패턴

- **A can apply differently depending on B.**

  A는 B에 따라 다르게 적용 될 수 있습니다.

  Although this question can apply differently depending on the position the employer is hiring for a couple of reasons.

▸▸ Q3

- **A is more/less likely to 동사원형.**

  A가 ~할 가능성이 큽니다/적습니다.

  Candidates with a lot of hands-on experience in a related field are more likely to handle unexpected situations better.

- **Each portion represents A.**

  각 부분은 A를 나타냅니다.

  Each portion represents the activities that people do on their phones.

▸▸ Q4

- **A takes up the largest/biggest portion with ○○% followed by B.**

  A가 ○○%로 가장 큰 부분을 차지하고 있고, B가 그 뒤를 잇고 있습니다.

  Games takes up the largest portion with 35% followed by Calling & Texting with 28%.

필수 패턴 적용해 보기

앞서 배운 필수 패턴을 활용하여 나만의 답변을 만들어 보세요.

- 주어 **can't help but** 동사원형.

  _____

- 주어1 + 동사1 **expect that** 주어2 + 동사2.

  _____

- **It seems** 형용사 **to** 동사원형.

  _____

- 주어 **find(s) it** 형용사 **to** 동사원형.

  _____

- 주어1 + 동사1, **and it is the reason why** 주어2 + 동사2.

  _____

- 주어1+동사1 **in a way that** (주어2)+ 동사2.

  _____

- **A can apply differently depending on B.**

  _____

- **A is more/less likely to** 동사원형.

  _____

- **Each portion represents A.**

  _____

- **A takes up the largest/biggest portion with 00% followed by B.**

  _____

Q1 How are you feeling today?
오늘 컨디션이 어떤가요?

브레인 스토밍

좋음 → SPA 시험으로 다소 긴장함 → SPA 시험 관련 정보 얻기 어려움

→ 열심히 준비 했지만 걱정됨 → 좋은 결과 받길 희망함

MP3 AT7_2

모범 답변 35+

I'm <u>feeling good</u> today. Everything is going well. However, honestly, I'm <u>a little bit nervous</u>... because of this SPA test. I <u>did my best to prepare for this test</u> but I can't help but <u>feel worried</u>. I <u>hope to get a good score</u> on the test.

필수패턴 <u>핵심 내용</u>

저는 오늘 컨디션이 좋습니다. 모든 게 잘 되고 있습니다. 하지만, 솔직히, 조금 긴장이 되는데… 이 SPA 시험 때문입니다. 최선을 다해 이 시험을 준비하기는 했지만, 걱정이 될 수 밖에 없습니다. 이 시험에서 좋은 점수를 받았으면 좋겠습니다.

> **어휘** go well 잘 되어 가다 however 하지만 honestly 솔직히 a little bit 조금, 약간 nervous 긴장한
> prepare for ~을 준비하다, ~에 대비하다 feel worried 걱정이 되다 hope to do ~하면 좋겠다, ~하기를 바라다

🔊 송쌤의 5초 발음 특강

• own [오운]
  on my own에서 on과 own의 발음의 유의합니다. on [온] own [오-운]
• standardized [스탠덜-다이즈드]

모범 답변 50+

I'm <u>feeling good</u> except that I <u>feel a bit nervous</u> about this test. Well, I've been preparing for this test on my own, **but** it seems <u>difficult to get a high score on this test</u>. Since this test is not a standardized test open to the public, I found it <u>hard to get information or practical tips on how to get a good grade on this test</u>. Oh, I'm going off on a tangent. Anyways, I <u>tried my best</u>, and I <u>expect to have a satisfying result</u>.

필수패턴 <u>핵심 내용</u>

- -

이 시험 때문에 조금 긴장감이 느껴지는 것을 제외하면 컨디션은 좋습니다. 음, 저는 이 시험을 계속 혼자 준비해 왔지만, 이 시험에서 높은 점수를 받는 게 어려운 것 같습니다. 이 시험이 일반인들에게 공개되어 있는 표준화된 시험이 아니기 때문에, 이 시험에서 좋은 점수를 받는 것에 관한 정보나 현실적인 팁을 구하는 게 힘들다는 생각이 들었습니다. 아, 제 얘기가 옆길로 새고 있네요. 어쨌든, 저는 최선을 다했기 때문에, 만족스러운 결과를 얻으리라 예상합니다.

어휘 except that ~라는 점을 제외하고 a bit 조금, 약간 on one's own 혼자서 since ~이기 때문에 standardized 표준화된 open to ~에게 공개된 the public 일반인들 find it hard to 동사원형 ~하는 게 힘들다고 생각하다 practical 현실적인, 실용적인 how to do ~하는 법 grade 점수, 등급 anyways 어쨌든 try one's best 최선을 다하다 expect to do ~할 것으로 예상하다, 기대하다

> **송쌤의 5초 표현 특강**
> - can't help but do ~할 수 밖에 없다
> - do one's best 최선을 다해 ~하다
> - get a good score on ~에서 좋은 점수를 받다
> - it seems difficult to 동사원형 ~하는 게 어려운 것 같다
> - go off on a tangent 얘기가 옆길로 새다
> - have a satisfying result 만족스러운 결과를 얻다

Q2

You will listen to the story twice.
Please summarize it as much as you can.

같은 이야기를 두 번 들려 드립니다. 가능한 한 많은 내용을 요약해 주세요.

① When someone fails, they are usually told that it's OK, and that each failure is a learning opportunity. This sounds nice, ② but it might not actually be true, according to recent studies. We likely learn more through success, ③ since success brings rewards. For example, ④ hitting a homerun is a momentous occasion for a baseball player. The batter smashes the ball, and the crowd cheers. The batter's brain registers this reaction and will try to repeat the same process that led to success. This is why players sometimes hit multiple homeruns in a single game. ⑤ The brain is already on track to repeat success—it isn't just luck. Our brains recognize paths to success, even if we don't.

① 누군가 실패를 경험할 때, 보통 괜찮다는 말과 함께 각각의 실패가 배움의 기회라는 말을 듣습니다. 이는 아주 좋은 말처럼 들리지만, ② 최근의 연구에 따르면, 실제로는 사실이 아닐 수도 있습니다. 우리는 성공을 통해 더 많은 것을 배울 가능성이 있는데, ③ 성공이 보상을 가져다 주기 때문입니다. 예를 들어, ④ 홈런을 치는 것은 야구 선수에게 있어 중대한 일입니다. 타자가 공을 강타하면, 관중은 환호합니다. 타자의 뇌는 이러한 반응을 저장해 두었다가 성공으로 이어졌던 동일한 과정을 반복하려 할 것입니다. 이것이 바로 선수들이 때때로 한 경기에 멀티 홈런을 치는 이유입니다. ⑤ 뇌가 이미 성공을 반복하기 위한 진행 과정에 있는 것이며, 이는 단지 운이 아닙니다. 우리의 뇌는, 설사 우리는 그렇지 못하다 하더라도, 성공으로 가는 길을 인식하고 있는 겁니다.

핵심내용 파악하기

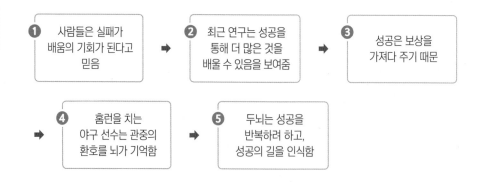

어휘 fail 실패하다 usually 보통, 일반적으로 failure 실패 opportunity 기회 actually 실제로, 사실은 recent 최근의 study 연구, 조사 likely 가능성 있는 through ~을 통해 success 성공 reward 보상 momentous 중대한 occasion 일, 경우, 때 smash ~을 강타하다, 힘껏 때리다 crowd 사람들 register ~을 기록하다, 등록하다 repeat ~을 반복하다 process 과정 lead to ~로 이어지다, ~에 이르다 multiple 다수의, 여럿의 on track 진행 과정에 있는, 진행 중인 recognize ~을 인식하다 even if 설사 ~라 하더라도

50점+ 고득점 Paraphrasing

❶

지문 When someone fails, they are usually told that it's OK, and that each failure is a learning opportunity. This sounds nice, but it might not actually be true, according to recent studies.

50+ The passage talks about a common misbelief that people learn through failures.
이 지문은 사람들이 실패를 통해 배운다는 잘못된 통념에 관해 말하고 있습니다.

❷

지문 We likely learn more through success, since success brings rewards.

50+ It states that success is in fact what makes people learn because success brings rewards.
실제로는 성공이 사람들을 배우게 만들어 주는데, 성공이 보상을 가져다 주기 때문이라고 언급합니다.

❸

지문 For example, hitting a homerun is a momentous occasion for a baseball player.

50+ The passage proves this by giving an example of a baseball player.
이 이야기는 야구 선수를 예로 들면서 이를 증명합니다.

❹

지문 The batter smashes the ball, and the crowd cheers. The batter's brain registers this reaction and will try to repeat the same process that led to success. This is why players sometimes hit multiple homeruns in a single game.

50+ When a batter hits a homerun and hears the crowd cheering, his brain will register this reaction and will try to do the same throughout the game, which eventually leads baseball players to hit multiple homeruns in a single game.
타자가 홈런을 치고 관중의 환호를 듣게 되면, 그의 뇌가 이러한 반응을 저장했다가 경기 전반에 걸쳐 동일하게 하려 하는데, 이는 결국 야구 선수들이 한 경기에 멀티 홈런을 치도록 이끌어 줍니다.

❺

지문 The brain is already on track to repeat success—it isn't just luck. Our brains recognize paths to success, even if we don't.

50+ In conclusion, our brain works in a way that it leads us to become successful.
결론적으로, 우리의 뇌는 우리를 성공하도록 이끄는 방식으로 작용하는 것입니다.

듣기지문

① When someone fails, they are usually told that it's OK, and that each failure is a learning opportunity. This sounds nice, ② but it might not actually be true, according to recent studies. We likely learn more through success, ③ since success brings rewards. For example, ④ hitting a homerun is a momentous occasion for a baseball player. The batter smashes the ball, and the crowd cheers. The batter's brain registers this reaction and will try to repeat the same process that led to success. This is why players sometimes hit multiple homeruns in a single game. ⑤ The brain is already on track to repeat success—it isn't just luck. Our brains recognize paths to success, even if we don't.

① 누군가 실패를 경험할 때, 보통 괜찮다는 말과 함께 각각의 실패가 배움의 기회라는 말을 듣습니다. 이는 아주 좋은 말처럼 들리지만, ② 최근의 연구에 따르면, 실제로는 사실이 아닐 수도 있습니다. 우리는 성공을 통해 더 많은 것을 배울 가능성이 있는데, ③ 성공이 보상을 가져다 주기 때문입니다. 예를 들어, ④ 홈런을 치는 것은 야구 선수에게 있어 중대한 일입니다. 타자가 공을 강타하면, 관중은 환호합니다. 타자의 뇌는 이러한 반응을 저장해 두었다가 성공으로 이어졌던 동일한 과정을 반복하려 할 것입니다. 이것이 바로 선수들이 때때로 한 경기에 멀티 홈런을 치는 이유입니다. ⑤ 뇌가 이미 성공을 반복하기 위한 진행 과정에 있는 것이며, 이는 단지 운이 아닙니다. 우리의 뇌는, 설사 우리는 그렇지 못하다 하더라도, 성공으로 가는 길을 인식하고 있는 겁니다.

모범 답변 35+

This passage is about learning. Many people think that they learn from failure, but according to the passage, it might not be true. A recent study showed that people learn more through success because there are rewards. For example, if a baseball player hits a homerun, the crowd cheers for him, and it is the reason why they sometimes hit multiple homeruns.

필수패턴

이 이야기는 배움에 관한 것입니다. 많은 사람들이 실패를 통해 배운다고 생각하지만, 이 이야기 내용에 따르면, 사실이 아닐 수도 있습니다. 최근에 연구에 따르면 보상이 존재하기 때문에 사람들이 성공을 통해 더 많이 배우는 것으로 나타났습니다. 예를 들어, 야구 선수가 홈런을 치면, 관중이 그 선수에게 환호하는데, 이것이 바로 선수들이 멀티 홈런을 치는 이유입니다.

어휘 according to ~에 따르면 show that ~임을 나타내다 failure 실패

- failure [패일리-얼]
  p 와 f 발음을 구분해 주세요. p는 우리나라의 ㅍ 소리로 입술과 입술이 맞닿는 소리, f 는 윗니가 아랫입술을 물어 공기소리가 나게 힘을 주어 발음합니다.
- reward [뤼월-드]

모범 답변 50+

This passage talks about **a common misbelief that people** learn through failures. It states that **success is in fact what makes people learn because success brings rewards.** The passage proves this by giving an example of **a baseball player.** When a batter hits a homerun and hears the crowd cheering, **his brain will register this reaction and will** try to **do the same throughout the game,** which eventually leads **baseball players** to **hit multiple homeruns in a single game.** In conclusion, **our brain works** in a way that leads **us to** become **successful.**

필수패턴

이 지문은 사람들이 실패를 통해 배운다는 잘못된 통념에 관해 말하고 있습니다. 실제로는 성공이 사람들을 배우게 만들어 주는데, 성공이 보상을 가져다 주기 때문이라고 언급합니다. 이 이야기는 야구 선수를 예로 들면서 이를 증명합니다. 타자가 홈런을 치고 관중의 환호를 듣게 되면, 그의 뇌가 이러한 반응을 저장했다가 경기 전반에 걸쳐 동일하게 하려 하는데, 이는 결국 야구 선수들이 한 경기에 멀티 홈런을 치도록 이끌어 줍니다. 결론적으로, 우리의 뇌는 우리를 성공하도록 이끄는 방식으로 작용하는 것입니다.

고득점 추가 질문 및 답변 키워드

 MP3 AT7_8

○ 질문   Do you learn more from success or failure?
당신은 성공 또는 실패 중에서 무엇으로부터 더 많이 배우나요?

○ 답변 키워드   tend to learn from success(failure) 성공(실패)로부터 배우는 경향이 있다
be more likely to learn from success(failure) 성공(실패)로부터 배울 가능성이 더 크다
be less likely to learn from success(failure) 성공(실패)로부터 배울 가능성이 더 적다
I easily get motivated (encouraged, frustrated) from A.
저는 A로부터 쉽게 동기를 부여 받습니다.(힘을 얻습니다, 좌절합니다).

어휘 common misbelieve 잘못된 통념   state that ~라고 말하다, 언급하다   in fact 실제로, 사실은   prove ~을 증명하다, 입증하다   eventually 결국, 마침내   in conclusion 결론적으로   work 작용하다, 기능하다   in a way that ~하는 방식으로   become successful 성공을 거두다

송쌤의 5초 표현 특강

- sound A   A처럼 들리다, A인 것 같다
- try to 동사원형   ~하려 하다
- it is the reason why   그것이 바로 ~하는 이유이다
- give an example   예를 들다
- hear A 동사ing   A가 ~하는 것을 듣다
- lead A to 동사원형   A가 ~하도록 이끌다

Q3 Of education and experience, which do you think is more important in hiring?

브레인 스토밍

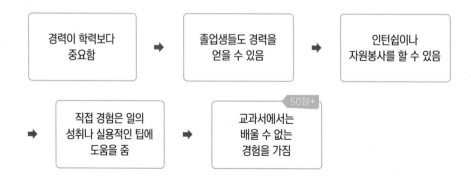

| 경력이 학력보다 중요함 | ➡ | 졸업생들도 경력을 얻을 수 있음 | ➡ | 인턴쉽이나 자원봉사를 할 수 있음 |

| ➡ | 직접 경험은 일의 성취나 실용적인 팁에 도움을 줌 | ➡ | 교과서에서는 배울 수 없는 경험을 가짐 (50점+) |

MP3 AT7_10

모범 답변 35+

I think <u>experience</u> is more important than <u>education</u>. First of all, if you wonder how college graduates can have experience, they can have experience by having internships or doing volunteering work. Second, <u>hands-on experience</u> <u>helps employees achieve their goals</u> and they can <u>share a lot of practical tips</u>.

필수패턴 핵심 내용

저는 학력보다 경력이 더 중요하다고 생각합니다. 가장 먼저, 대학 졸업생이 어떻게 경력이 있을 수 있는지 의아하다면, 인턴 프로그램에 참여하거나 자원봉사를 하는 것으로 경력을 쌓을 수 있습니다. 두 번째로, 실무 경험이 목적을 달성하도록 직원들에게 도움을 주며, 많은 실용적인 팁도 공유할 수 있습니다.

어휘 hiring 고용, 채용 wonder ~을 의아해하다, 궁금해하다 graduate n. 졸업생 by (방법) ~함으로써, ~해서 volunteering 자원봉사 hands-on 실무의, 직접 해 보는 help A 동사원형 ~하도록 A에게 도움을 주다 achieve ~을 달성하다, 성취하다 share ~을 공유하다 practical 실용적인, 현실적인

🔊 **송쌤의 5초 발음 특강**

- education [에쥬-케이숀]
  edu는 자연스럽게 ㅈ 발음이 나도록 합니다.
- graduate [그뤠-쥬엘]
  ate [에이트] 가 아닌 [엘] 발음으로 합니다.
- achieve [어취-이브]
- participate [팔티-씨페잍]

학력과 경력 중에서, 어느 것이 고용 과정에서 더 중요하다고 생각하나요?

모범 답변 50+

Although this question can apply differently depending on the position the employer is hiring for, I think experience is more important for a couple of reasons. First, you might be wondering how a fresh college graduate could possibly have any work experience. However, college graduates can show their passion for the job by having internship experience or participating in volunteer services. Next, when hiring experienced workers, education matters even less. This is because candidates with a lot of hands-on experience in a related field are more likely to handle unexpected situations better and get the job done with knowledge that cannot be learned from textbooks.

필수패턴 핵심 내용

이 질문이 고용주가 고용하려는 직책에 따라 다르게 적용될 수 있기는 하지만, 저는 몇 가지 이유로 경력이 더 중요하다고 생각합니다. 첫 번째로, 어떻게 갓 대학교를 졸업한 학생이 어떤 근무 경력이든 지니는 것이 가능할 수 있는지 의아할지도 모르겠습니다. 하지만, 대학 졸업생들은 인턴 경험을 쌓고 자원봉사 서비스에 참가함으로써 일에 대한 열정을 보여줄 수 있습니다. 다음으로, 경험 많은 직원을 고용할 때, 학력은 훨씬 덜 중요합니다. 그 이유는 관련 분야에서 실무 경험이 많은 지원자가 예기치 못한 상황에 더 잘 대처할 뿐만 아니라 교과서로 배울 수 없는 지식을 통해 일을 완수해 낼 가능성이 더 크기 때문입니다.

어휘 apply 적용되다 differently 다르게 position 직책, 일자리 employer 고용주 however 하지만 passion 열정 participate in ~에 참가하다 experienced 경험 많은, 숙련된 matter ⑧ 중요하다 even (비교급 앞에서) 훨씬 less 덜, 더 적게 candidate 지원자, 후보자 related 관련된 field 분야 handle ~에 대처하다, ~을 다루다 unexpected 예기치 못한 situation 상황

송쌤의 5초 표현 특강

- depending on ~에 따라, ~에 달려 있는
- be more likely to 동사원형 ~할 가능성이 더 크다
- get A 동사p.p. A를 ~되게 하다

Q4 Please describe these 2 pie charts in as much detail as you can.
2개의 파이 그래프를 할 수 있는 만큼 자세히 설명해 주세요.

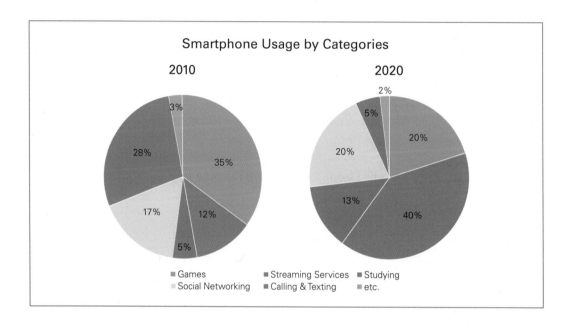

Smartphone Usage by Categories

2010 / 2020

■ Games ■ Streaming Services ■ Studying
■ Social Networking ■ Calling & Texting ■ etc.

브레인 스토밍

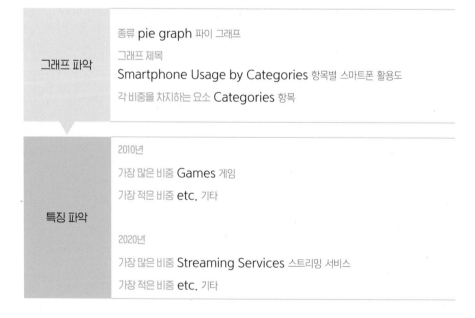

그래프 파악

종류 **pie graph** 파이 그래프

그래프 제목
Smartphone Usage by Categories 항목별 스마트폰 활용도

각 비중을 차지하는 요소 **Categories** 항목

특징 파악

2010년
가장 많은 비중 **Games** 게임
가장 적은 비중 **etc.** 기타

2020년
가장 많은 비중 **Streaming Services** 스트리밍 서비스
가장 적은 비중 **etc.** 기타

모범 답변 35+

These are pie charts about **smartphone usage by categories**. Each portion represents **the activities that people do on their phones**. From the chart, **Games** takes up the largest portion in 2010 and it is followed by **Calling and Texting**. However, **Streaming Services** takes up the largest portion in 2020, and it is followed by **Studying**. I think people started doing more various things online as time went by.

필수패턴

이 파이 그래프들은 항목별 스마트폰 활용도에 관한 것입니다. 각 부분은 사람들이 각자의 전화기로 하는 활동들을 나타냅니다. 이 그래프에서, 게임이 2010년에 가장 큰 부분을 차지하고 있으며, 전화 및 문자가 그 뒤를 잇고 있습니다. 하지만, 2020년에는 스트리밍 서비스가 가장 큰 부분을 차지하고 있으며, 공부가 그 뒤를 잇고 있습니다. 제 생각엔 시간이 흐름에 따라 사람들이 온라인으로 더욱 다양한 일을 하기 시작한 것 같습니다.

어휘 category 항목, 범주 portion 부분, 일부 represent ~을 나타내다 activity 활동 on one's phone 전화기로 take up ~을 차지하다 be followed by A A가 그 뒤를 잇다, 뒤따르다 start 동사ing ~하기 시작하다 various 다양한 as time goes by 시간이 흐름에 따라

모범 답변 50+

These two pie charts show **the changes in smartphone usage by categories between 2010 and 2020**. Each portion represents **different activities**. In 2010, we can see that **Games** takes up the largest portion with **35%** followed by **Calling & Texting with 28%**. However, **Streaming services** replaced the biggest portion with 40% in 2020. This result may be due to Streaming Services gaining popularity after the pandemic. Also, I can notice that **smartphones are used for more studying purposes in 2020 since a lot of classes are held remotely**.

필수패턴

이 두 개의 파이 그래프는 2010년과 2020년 사이의 항목별 스마트폰 활용도 변화를 보여 줍니다. 각 부분은 서로 다른 활동을 나타냅니다. 2020년에는, 게임이 35퍼센트로 가장 큰 부분을 차지하고 있고 전화 및 문자가 28퍼센트로 그 뒤를 잇고 있다는 것을 알 수 있습니다. 하지만, 2020년에는 스트리밍 서비스가 40퍼센트로 가장 큰 부분을 대신 차지했습니다. 이 결과는 전세계적인 유행병 발생 이후로 재생 서비스가 인기를 얻었기 때문일 수도 있습니다. 또한, 2020년에는 스마트폰이 공부 목적으로 더 많이 이용되고 있다는 점도 알 수 있는데, 많은 수업이 원격으로 진행되고 있기 때문입니다.

어휘 see that ~임을 알다 replace ~을 대신하다, 대체하다 result 결과(물) due to ~ 때문에, ~로 인해 gain popularity 인기를 얻다 pandemic (전세계적인) 유행병 notice that ~임을 알게 되다, 알아차리다

Actual Test 8

문제 구성

Q1
개인 질문

주제 일상 [현재]

질문 저녁으로 어떤 음식을 먹고 싶은 지

난이도 ★ ★

송쌤의 답변 TIP 현재 시제에 유의하여 답변

Q2
지문 요약하기

주제 스토리텔링

지문 내용 독일 결혼 풍습

└ 추가질문 다른 문화권에서 충격 받을 만한 한국식 결혼 풍습이 있는 지

50점+

난이도 ★ ★ ★

송쌤의 답변 TIP 이야기의 흐름을 파악하여 사건을 나열하듯 답변

Q3
의견을 묻는
질문

주제 경제

질문 인간의 기대 수명 증가에 따른 경제 변화

난이도 ★ ★ ★ ★

송쌤의 답변 TIP 관련 어휘, 표현 및 브레인스토밍 학습이 포인트

Q4
사진
설명하기

주제 선호하는 것 고르기

난이도 ★ ★ ★

송쌤의 답변 TIP 선택사항을 뒷받침 해 줄 근거 및 이유를 들어 답변

필수 패턴

- **주어 + 동사 depending on A.**

  A에 따라 ~이 ~합니다.

  I just eat depending on the situation.

- **I've never 동사p.p.**

  저는 ~해 본 적이 한 번도 없었습니다.

  I've never thought about what kind of food I personally prefer to have for dinner seriously.   ▷▷ Q1

- **Now that I think of it, it depends on wh-words 주어 + 동사.**

  이제 생각해 보니까, wh-하게 ~가 ~하는지 에 따라 다릅니다.

  * wh-words: who, where, when, what, why, how 같은 단어들

  Now that I think of it, it depends on what kind of situation I'm in

- **주어1 thought 주어2 + 과거동사.**

  ~가 ~이 ~했다고 생각했습니다.   ▷▷ Q2

  Laura thought people were angry.

- **have a positive/negative/huge effect on A**
  A에 긍정적인/부정적인/큰 영향을 미칩니다

  It will definitely have a positive effect on the economy.

- **A expect B to 동사.**
  A가 B에게 ~할 것으로 기대합니다.

  We can expect people to work more productively.

  ▷▷ **Q3**

- **A makes a positive/negative impact on B.**
  A가 B에게 긍정적인/부정적인 영향을 미칩니다.

  I believe increasing life expectancy makes a positive impact on our economy.

- **My point of view toward A has totally changed.**
  A에 대한 제 관점이 완전히 바뀌었습니다.

  My point of view toward working remotely has totally changed.

  ▷▷ **Q4**

- **As long as 주어 + 동사 A is a much 형용사의 비교급 way to 동사.**
  ~하기만 하면, ~하는 한, A는 훨씬 ~하는 방법입니다.

  As long as there are no technical issues and a much safer way to prevent us from getting diseases.

필수 패턴 적용해 보기

앞서 배운 필수 패턴을 활용하여 나만의 답변을 만들어 보세요.

- 주어 + 동사 depending on A.

  _____

- I've never 동사p.p.

  _____

- Now that I think of it, it depends on wh-words 주어 + 동사.

  _____

- 주어1 thought 주어2 + 과거동사.

  _____

- have a positive/negative/huge effect on B

  _____

- A expect B to 동사.

  _____

- A makes a positive/negative impact on B.

  _____

- My point of view toward A has totally changed.

  _____

- As long as 주어+동사 A is a much 형용사의 비교급 way to 동사.

  _____

Q1

What food do you like to eat for dinner?
저녁으로 어떤 음식을 먹고 싶은가요?

브레인 스토밍

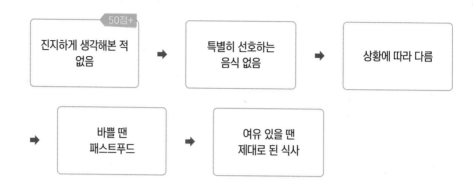

진지하게 생각해본 적 없음 → 특별히 선호하는 음식 없음 → 상황에 따라 다름

→ 바쁠 땐 패스트푸드 → 여유 있을 때 제대로 된 식사

모범 답변 35+

Actually, there is <u>no special food</u> that I prefer to eat for dinner. I <u>just eat depending on the situation</u>. I mean, if I'm <u>busy</u>, I tend to eat fast food or instant noodles. However, if I <u>have enough time</u>, I prefer to <u>eat right</u>.

필수패턴 핵심 내용

실은, 저녁 식사로 특별히 선호하는 음식은 없습니다. 저는 그저 상황에 따라 식사합니다. 제 말은, 바쁠 경우에는, 패스트푸드나 라면을 먹는 경향이 있습니다. 하지만, 시간이 충분히 있을 경우에는, 제대로 식사하는 것을 선호합니다.

어휘 actually 실은, 사실은 prefer to do ~하는 것을 선호하다 depending on ~에 따라, ~에 달려 있는 situation 상황 tend to do ~하는 경향이 있다 instant noodles 라면 eat right 제대로 식사하다

송쌤의 5초 발음 특강

• noodles [누를-쓰]
s 를 잊지 않고 발음 합니다.

• thought [떨-]
th 의 번데기 발음을 유의해 주세요.
윗니와 아랫니 사이에 혀가 공기를 내보내며 소리를 냅니다.

모범 답변 50+

Wow, I've never thought about what kind of food I personally prefer to have for dinner seriously. Now that I think of it, it depends on what kind of situation I'm in. I mean, if I'm in a hurry, I'm more likely to have something that can be made quickly like instant noodles or fast food. However, if I'm in a situation where I can afford it, time and money, I tend to go out and eat at a fancy restaurant.

필수패턴 핵심 내용

와우, 저는 개인적으로 어떤 종류의 음식을 저녁으로 먹기를 선호하는지에 대해 진지하게 생각해 본 적이 한 번도 없었습니다. 이제 생각해 보니까, 제가 어떤 상황에 처해 있는지에 따라 다릅니다. 제 말은, 급한 경우에는, 라면이나 패스트푸드처럼 빨리 만들어질 수 있는 것을 먹을 가능성이 더 큽니다. 하지만, 시간이나 금전적으로 여유가 되는 상황에 처해 있다면, 고급 레스토랑으로 외식하러 가는 경향이 있습니다.

어휘 personally 개인적으로 seriously 진지하게, 심각하게 in a hurry 급한, 서두르는 quickly 빨리, 신속히 like ~처럼, ~ 같이 however 하지만 can afford ~에 대한 여유가 있다 fancy 고급의, 비싼

CHAPTER 4 Actual Test 8

송쌤의 5초 표현 특강

• depend on ~에 따라 다르다, ~에 달려 있다
• now that 이제 ~이니까
• be likely to 동사원형 ~할 가능성이 있다

Q2

You will listen to the story twice. Please summarize it as much as you can.

같은 이야기를 두 번 들려 드립니다. 가능한 한 많은 내용을 요약해 주세요.

① Laura's brother was getting married to his German girlfriend, and the wedding was held in Germany. The ceremony was beautiful, but then ② something odd happened during the reception. ③ The guests grabbed their ceramic plates and shattered them on the floor. Laura had no idea what was happening. ④ She thought everyone was angry, but they were laughing and smiling. Once the floor was covered with broken plates, her brother and his new wife began cleaning up all the pieces. Another guest noticed Laura's confusion and explained that it was a German wedding tradition. ⑤ By cleaning up such a huge mess, the couple proved that they could work together. It meant that they would have a happy marriage.

① 로라의 오빠는 독일인 여자친구와 결혼했으며, 결혼식은 독일에서 열렸습니다. 예식은 아름다웠지만, ② 피로연 중에 이상한 일이 일어났습니다. ③ 손님들이 각자의 도자기 접시를 집어 들더니 바닥에 던져 산산조각을 냈습니다. 로라는 무슨 일인지 도무지 알지 못했습니다. ④ 모든 사람이 화가 났다고 생각했지만, 사람들은 웃고 미소 지었습니다. 바닥이 깨진 조각들로 덮여 있게 되자, 오빠와 신부가 모든 조각을 깨끗이 치우기 시작했습니다. 또 다른 손님 한 명이 로라의 혼란스러운 표정을 알아채고는 독일식 결혼 풍습이라고 설명해 주었습니다. ⑤ 이렇게 엄청나게 엉망진창인 상태를 깨끗이 치움으로써, 부부가 함께 해 나아갈 수 있다는 것을 증명하는 겁니다. 이는 부부가 행복한 결혼 생활을 하게 된다는 뜻입니다.

핵심내용 파악하기

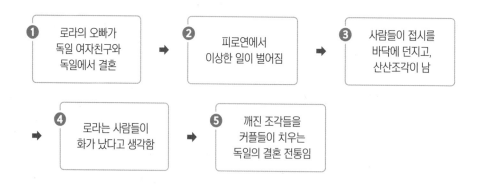

❶ 로라의 오빠가 독일 여자친구와 독일에서 결혼 → ❷ 피로연에서 이상한 일이 벌어짐 → ❸ 사람들이 접시를 바닥에 던지고, 산산조각이 남

→ ❹ 로라는 사람들이 화가 났다고 생각함 → ❺ 깨진 조각들을 커플들이 치우는 독일의 결혼 전통임

어휘 get married to ~와 결혼하다 hold (행사 등) ~을 열다, 개최하다 odd 이상한 reception 피로연, 연회 grab ~을 집어 들다, 붙잡다 ceramic plate 도자기 접시 shatter ~을 산산조각 내다 be covered with ~으로 덮여 있다 clean up ~을 깨끗이 치우다 notice ~을 알아차리다 confusion 혼란, 혼동 explain that ~라고 설명하다 tradition 풍습, 전통 huge 엄청난 mess 엉망진창(인 것) prove that ~임을 증명하다, 입증하다 marriage 결혼 (생활)

50점+ 고득점 Paraphrasing

① 지문

Laura's brother was getting married to his German girlfriend, and the wedding was held in Germany. The ceremony was beautiful, but then something odd happened during the reception.

50+

This passage talks about a girl named Laura going through a culture shock at her brother's wedding reception in Germany.

이 지문은 독일에서 열린 오빠의 결혼식 피로연에서 문화 충격을 겪은 로라라는 이름의 한 소녀에 관한 것입니다.

② 지문

The guests grabbed their ceramic plates and shattered them on the floor.

50+

The guests suddenly shattered ceramic plates on the floor.

손님들이 갑자기 도자기 그릇을 바닥에 던져 산산조각을 냈습니다.

③ 지문

Laura had no idea what was happening. She thought everyone was angry, but they were laughing and smiling. Once the floor was covered with broken plates, her brother and his new wife began cleaning up all the pieces.

50+

Laura saw her brother and sister-in-law cleaning up the mess. Laura, as a foreigner, is shocked at first thinking that the guests were angry.

로라는 오빠와 올케 언니가 엉망진창이 된 상태를 깨끗이 치우는 것을 봤습니다. 외국인인 로라는 처음에 손님들이 화가 났다고 생각해 충격을 받았습니다.

④ 지문

Another guest noticed Laura's confusion and explained that it was a German wedding tradition. By cleaning up such a huge mess, the couple proved that they could work together. It meant that they would have a happy marriage.

50+

She was relieved after learning that this is a German wedding tradition to see if a couple can work together and have a happy marriage.

이것이 부부가 함께 해 나아가면서 행복한 결혼 생활을 할 수 있는지 알아 보기 위한 독일식 결혼 풍습이라는 것을 알고 안도했습니다.

듣기 지문

① Laura's brother was getting married to his German girlfriend, and the wedding was held in Germany. The ceremony was beautiful, but then ② something odd happened during the reception. ③ The guests grabbed their ceramic plates and shattered them on the floor. Laura had no idea what was happening. ④ She thought everyone was angry, but they were laughing and smiling. Once the floor was covered with broken plates, her brother and his new wife began cleaning up all the pieces. Another guest noticed Laura's confusion and explained that it was a German wedding tradition. ⑤ By cleaning up such a huge mess, the couple proved that they could work together. It meant that they would have a happy marriage.

① 로라의 오빠는 독일인 여자친구와 결혼했으며, 결혼식은 독일에서 열렸습니다. 예식은 아름다웠지만, ② 피로연 중에 이상한 일이 일어났습니다. ③ 손님들이 각자의 도자기 접시를 집어 들더니 바닥에 던져 산산조각을 냈습니다. 로라는 무슨 일인지 도무지 알지 못했습니다. ④ 모든 사람이 화가 났다고 생각했지만, 사람들은 웃고 미소 지었습니다. 바닥이 깨진 조각들로 덮여 있게 되자, 오빠와 신부가 모든 조각을 깨끗이 치우기 시작했습니다. 또 다른 손님 한 명이 로라의 혼란스러운 표정을 알아채고는 독일식 결혼 풍습이라고 설명해 주었습니다. ⑤ 이렇게 엄청나게 엉망진창인 상태를 깨끗이 치움으로써, 부부가 함께 해 나아갈 수 있다는 것을 증명하는 겁니다. 이는 부부가 행복한 결혼 생활을 하게 된다는 뜻입니다.

모범 답변 35+

This story is about a German wedding tradition. According to the story, Laura's brother married his German girlfriend, and Laura attended their wedding in Germany. However, Laura was surprised because people in the wedding shattered the plates on the floor. Laura thought people were angry, but one guest explained that it's one of Germany's wedding traditions. The couple has to clean up the mess together and it means they can have a happy marriage.

필수패턴

- -

이 이야기는 독일식 결혼 풍습에 관한 것입니다. 이야기 내용에 따르면, 로라의 오빠는 독일인 여자친구와 결혼했으며, 로라는 독일에서 열린 그 결혼식에 참석했습니다. 하지만, 로라는 결혼식에 참석한 사람들이 바닥에 접시를 던져 산산조각을 내는 바람에 놀랐습니다. 로라는 사람들이 화가 났다고 생각했지만, 한 손님이 독일의 결혼 풍습 중 하나라고 설명해 주었습니다. 부부는 함께 엉망진창이 된 것을 깨끗이 치워야 하며, 이는 행복한 결혼 생활을 할 수 있다는 뜻입니다.

어휘 according to ~에 따르면 attend ~에 참석하다

모범 답변 50+

This passage talks about a girl named Laura going through culture shock at her brother's wedding reception in Germany. The guests suddenly shattered ceramic plates on the floor and Laura saw her brother and sister-in-law cleaning up the mess. Laura, as a foreigner, was shocked at first thinking that the guests were angry. However, she was relieved after learning that this is a German wedding tradition to see if a couple can work together and have a happy marriage.

필수패턴

이 지문은 독일에서 열린 오빠의 결혼식 피로연에서 문화 충격을 겪은 로라라는 이름의 한 소녀에 관한 것입니다. 손님들이 갑자기 도자기 그릇을 바닥에 던져 산산조각을 냈고, 로라는 오빠와 올케 언니가 엉망진창이 된 상태를 깨끗이 치우는 것을 봤습니다. 외국인인 로라는 처음에 손님들이 화가 났다고 생각해 충격을 받았습니다. 하지만, 이것이 부부가 함께 해 나아가면서 행복한 결혼 생활을 할 수 있는지 알아 보기 위한 독일식 결혼 풍습이라는 것을 알고 안도했습니다.

고득점 추가 질문 및 답변 키워드

MP3 AT8_8

○ 질문   Is there any Korean wedding tradition that people from other cultures are shocked by?
다른 문화권에서 온 사람들이 충격을 받을 만한 한국식 결혼 풍습이 있나요?

○ 답변 키워드 A day before the wedding, the groom, wearing a squid mask, visits the bride's family with a wedding gift called "ham"
결혼식 하루 전에, 오징어 가면을 쓴 신랑이 "함"이라고 부르는 결혼 선물을 들고 신부의 가족을 방문합니다.

어휘 named A A라는 이름의 go through ~을 겪다, 거치다 suddenly 갑자기 sister-in-law 올케, 시누이, 처제, 처형 at first 처음에 relieved 안도한 learn that ~임을 알게 되다

송쌤의 5초 발음 특강

• Germany [쥘-머니]
• marriage [매-뤼쥐]
• shatter [쉐-럴]
  sh 발음과 s 발음을 유의하세요.
  sh 는 입을 모으고 [쉬-], s 는 입을 찢고 [쓰] 발음입니다.

Q3

Today, the life expectancy of humans has increased.
How do you think it will impact the economy?

브레인 스토밍

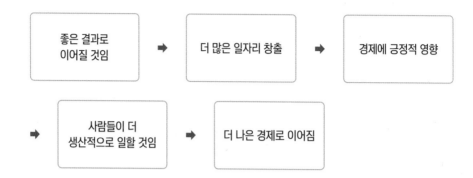

좋은 결과로 이어질 것임	➡ 더 많은 일자리 창출	➡ 경제에 긍정적 영향
➡ 사람들이 더 생산적으로 일할 것임	➡ 더 나은 경제로 이어짐	

모범 답변 35+

I believe it will <u>lead to a good outcome</u> for a few reasons. First of all, if **people live longer, more jobs will** be created, and it will definitely <u>have a positive effect on the economy</u>. Second, with **longer life expectancy**, we can <u>expect</u> **people to work more productively,** and it will <u>result in</u> **a better economy.**

필수패턴 핵심 내용

저는 몇 가지 이유로 좋은 결과에 이르게 될 것이라고 생각합니다. 가장 먼저, 사람들이 더 오래 산다면, 더 많은 일자리가 만들어질 것이며, 이는 분명 경제에 긍정적인 영향을 미칠 것입니다. 두 번째로, 기대 수명이 더 길어지면서, 사람들이 더 생산적으로 일할 것으로 예상할 수 있으며, 이는 더 나은 경제라는 결과를 낳게 될 것입니다.

어휘 life expectancy 기대 수명 increase 증가하다, 오르다 impact ~에 영향을 미치다 economy 경제
lead to ~에 이르다, ~로 이어지다 outcome 결과 create ~을 만들어 내다 definitely 분명히, 확실히
expect A to 동사원형 A가 ~할 것으로 예상하다, 기대하다 productively 생산적으로 result in ~라는 결과를 낳다, ~을 초래하다

📢 **송쌤의 5초 발음 특강**

• effect [이펙-트]
• expectancy [익쓰펙-턴씨]
• productively [프로덕-트블리]
• result [뤼저어-트]
sul 는 z 발음으로 진동을 내며 윗니와 아랫니가 부딪치며 소리를 냅니다.

오늘날, 인간의 기대 수명은 증가해 왔습니다.
그것이 경제에 어떻게 영향을 미칠 것이라고 생각하나요?

 MP3 AT8_11

모범 답변 50+

I believe the increase in human life expectancy will have a positive influence on our economy for a couple of reasons. First, longer life expectancy leads to an increase in population, which in turn creates new jobs, income, and diversity. This ultimately increases a country's GDP, which is an indicator of the size of an economy. Also, with longer life expectancy, the productivity of human capital would increase, which would allow for innovation and this will result in better economy. These are the reasons why I believe increasing life expectancy makes a positive impact on our economy.

필수패턴 핵심 내용

저는 인간의 기대 수명 증가가 몇 가지 이유로 우리 경제에 긍정적인 영향을 미친다고 생각합니다. 첫 번째, 더 긴 기대 수명은 인구 증가로 이어지게 되며, 결과적으로 새로운 일자리와 소득, 그리고 다양성을 만들어 냅니다. 이는 궁극적으로 한 국가의 경제 규모를 보여 주는 지표인 GDP를 증가시킵니다. 또한, 기대 수명이 길어지면서 인적 자본의 생산성이 증가할 것이며, 이는 혁신을 가능하게 해 주어 더 나은 경제라는 결과를 낳게 될 것입니다. 이것이 바로 기대 수명의 증가가 우리 경제에 긍정적인 영향을 미치게 된다고 생각하는 이유입니다.

어휘 increase in ~의 증가 population 인구 in turn 결과적으로, 그 결과 income 소득, 수입 diversity ultimately 궁극적으로 indicator 지표 productivity 생산성 human capital 인적 자본 allow for ~을 가능하게 하다 innovation 혁신

송쌤의 5초 표현 특강

• have a positive effect on   ~에 긍정적인 영향을 미치다
• bring positive impact on   ~에 긍정적인 영향을 미치다
• result in   ~라는 결과를 낳다, ~을 초래하다

Q4 Which way do you prefer when you have a meeting?
회의를 할 때 어느 방법을 더 선호하나요?

**브레인
스토밍**

❶ 나의 생각
- 과거와 생각이 바뀜
- 유행병 뒤로 관점 바뀜

➡

❷ 설명 1
- 오프라인 회의 장점

➡

❸ 설명 2
- 시간 절약 가능
- 효율적임

➡

❹ 설명 3
개인 위생 및 질병 걱정할 필요 없음

❶ having a meeting online was not a good idea in the past,
but now my opinion has changed
after going through a pandemic,
my point of view toward working remotely has totally changed `50점+`

❷ more convenient because we don't have to worry about any technical issues
more prompt and efficient way to reach a conclusion. `50점+`

❸ can save time
definitely more time-saving `50점+`

❹ don't have to worry about personal/public hygiene
a much safer way to prevent us from getting diseases `50점+`

모범 답변 35+

I thought having a meeting online was not a good idea in the past, but now my opinion has changed. Of course, if we have a meeting in person, it is more convenient because we don't have to worry about any technical issues. However, if we have a meeting online, we can save time by not having to go back and forth to the meeting places as well. Plus, we don't have to worry about personal/public hygiene.

필수패턴 <u>핵심 내용</u>

예전에는 온라인으로 회의를 하는 것이 좋은 아이디어가 아니라고 생각했지만, 지금은 생각이 바뀌었습니다. 물론, 직접 만나서 회의를 하면, 어떤 기술적인 문제도 걱정할 필요가 없기 때문에 더 편리합니다. 하지만, 온라인으로 회의를 하면, 회의 장소를 오갈 필요가 없어지게 되어 시간도 절약할 수 있습니다. 게다가, 개인 또는 공공 위생에 대해 걱정할 필요가 없습니다.

어휘 have a meeting 회의를 하다 in person 직접 만나서, 직접 가서 worry about ~을 걱정하다 issue 문제, 사안 don't have to do ~할 필요가 없다 public 공공의 hygiene 위생 plus 게다가, 또한 go back and forth to ~를 오가다 as well ~도, 또한

모범 답변 50+

Well, you know, up until a few years ago, I was a bit skeptical about doing things online including having a conference. However, after going through a pandemic, my point of view toward working remotely has totally changed. I admit that having a meeting in person is a more prompt and efficient way to reach a conclusion. However, having a meeting remotely is definitely more time-saving as long as there are no technical issues and a much safer way to prevent us from getting diseases.

필수패턴 <u>핵심 내용</u>

음, 그러니까, 몇 년 전까지만 해도, 저는 회의를 하는 것을 포함해 온라인으로 뭔가 하는 것에 대해 조금 회의적이었습니다. 하지만, 전세계적인 유행병을 겪게 된 후로, 원격으로 일하는 것에 대한 제 관점이 완전히 바뀌었습니다. 직접 만나서 회의를 하는 것이 결론에 도달할 수 있는 더 즉각적이고 효율적인 방법이라는 점은 인정합니다. 하지만, 기술적인 문제가 발생되지 않으면서 질병에 걸리지 않도록 막을 수 있는 훨씬 더 안전한 방법이 존재하기만 한다면 원격으로 회의를 하는 것이 분명 더 많은 시간을 절약할 수 있습니다.

어휘 up until ~까지 (계속) skeptical 회의적인 go through ~을 겪다, 거치다 point of view 관점, 시각 admit that ~임을 인정하다 reach ~에 도달하다, 이르다 time-saving 시간을 절약하는 as long as ~하기만 하면, ~하는 한 prevent A from 동사ing A가 ~하지 않도록 막다, ~하지 못하게 하다 get disease 질병에 걸리다

Actual Test 9

송쌤의 총평 듣기 ▷

문제 구성

Q1
개인 질문

주제 일상 [현재]

질문 어느 웹사이트를 가장 많이 방문하는 지

난이도 ★ ★ ★

송쌤의 답변 TIP 문제에 대한 정확한 답변 및 이유를 들어 설명

Q2
지문 요약하기

주제 단순 요약

지문 내용 기술 발전이 인간에게 미치는 부정적인 영향

└ 추가질문 기술 발전의 장점과 단점 말하기 50점+

난이도 ★ ★ ★

송쌤의 답변 TIP 전체적인 주제를 파악하고, 예로 들어준 세부사항들을 기억하여 답변

Q3
의견을 묻는 질문

주제 사회

질문 암호 화폐 투자 원인이 무엇이라고 생각하는 지

└ 추가질문 어떤 종류의 투자든 해 본적이 있는 지 50점+

난이도 ★ ★ ★ ★

송쌤의 답변 TIP 현재 사회에 대한 인식 및 사실을 바탕으로 답변

Q4
사진 설명하기

주제 선호하는 것 고르기

난이도 ★ ★ ★ ★

송쌤의 답변 TIP 선택을 뒷받침해 줄 이유를 들어주며 설명

필수 패턴

- **It is 형용사 to 동사.**

  그것은 ~하기 ~합니다.

  It is user-friendly, so it is very easy and convenient to use.

- **The biggest reason why 주어1 + 동사1 is because 주어2 + 동사2.**

  ~이 ~하는 가장 큰 이유는 ~이 ~하기 때문입니다.

  The biggest reason why I like this website is because it provides various services.

▶▶ **Q1**

- **when it comes to 명사**

  ~라는 측면에 있어

  The website is intuitive when it comes to using it.

- **A have(has) a good/bad influence on B.**

  A가 B에게 좋은/나쁜 영향을 미치고 있습니다.

  Technology has a bad influence on people.

▶▶ **Q2**

- **A have(has) affected B negatively/positively.**

  A가 B에게 부정적으로/긍정적으로 영향을 미칩니다.

  It has affected our minds negatively as well

- **people who 동사1 + 동사2**
  ~을 한 사람들

  People who saved their money in their saving accounts could make money from the interests.

- **It is no longer 형용사.**
  더 이상 ~이 아닙니다.

  It is no longer true.

  ▶▶ **Q3**

- **주어 risk 명사.**
  ~가 ~에 위험을 감수합니다.

  They risk their life savings.

- **I'd choose the picture on the right/left where I can see A as B for the following reasons.**
  저는 다음과 같은 이유들로 인해 A를 B 할 장소로 오른쪽/왼쪽 사진을 선택할 것 같습니다.

  I'd choose the picture on the right where I can see many houses as the location of the convenience store for the following reasons.

  ▶▶ **Q4**

- **A tend not to 동사.**
  A가 ~하지 않는 경향이 있습니다.

  On days when the weather is bad, people tend not to go to parks.

앞서 배운 필수 패턴을 활용하여 나만의 답변을 만들어 보세요.

- **It is 형용사 to 동사.**

  _____

- **The biggest reason why 주어1 + 동사1 is because 주어2 + 동사2.**

  _____

- **when it comes to 명사**

  _____

- **A have(has) a good/bad influence on B.**

  _____

- **A have(has) affected B negatively/positively.**

  _____

- **people who 동사1 + 동사2**

  _____

- **It is no longer 형용사.**

  _____

- **주어 risk ones' life 명사.**

  _____

- **I'd choose the picture on the right/left where I can see A as B for the following reasons.**

  _____

- **A tend not to 동사.**

  _____

Q1 Which website do you visit the most?
어느 웹사이트를 가장 많이 방문하나요?

브레인 스토밍

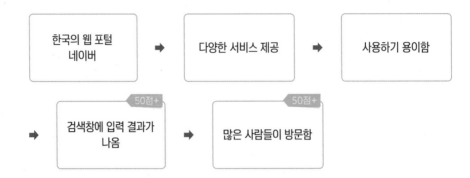

한국의 웹 포털 네이버 ➡ 다양한 서비스 제공 ➡ 사용하기 용이함

➡ 검색창에 입력 결과가 나옴 (50점+) ➡ 많은 사람들이 방문함 (50점+)

MP3 AT9_2

모범 답변 35+

I often go to a website called naver.com, a Korean web portal. I like this website for 2 reasons. First of all, it provides a lot of different services such as e-mail, a search engine, and news articles. Second, it is user-friendly, so it is very easy and convenient to use.

필수패턴 **핵심 내용**

저는 한국의 웹 포털인 네이버라고 불리는 웹사이트를 자주 찾습니다. 이 웹사이트가 마음에 드는 이유가 두 가지 있습니다. 가장 먼저, 이메일과 검색 엔진, 그리고 뉴스 기사 같은 여러 가지 다른 서비스를 제공합니다. 두 번째로, 사용자 친화적이기 때문에, 이용하기 매우 쉽고 편리합니다.

어휘 first of all 가장 먼저 provide ~을 제공하다 such as ~와 같은 article (신문, 잡지 등의) 기사 use-friendly 사용자 친화적인 convenient 편리한

🔊 **송쌤의 5초 발음 특강**

- portal [퍼-ㄹ를]
  tal 이 ㄹ 발음으로 내기 힘들 땐 [퍼-틀] 로 t 발음으로 내도 괜찮습니다.
- user [유-절]
  ser 은 z 발음으로 진동을 내며 윗니와 아랫니가 부딪치며 소리를 냅니다.
- convenient [컨비-니언트]
  윗니가 아랫입술에 닿으며 진동을 내는 v 발음에 유의합니다.
- intuitive [인투이티브]

모범 답변 50+

The website I often visit is called <u>NAVER</u>, which is <u>a Korean web portal</u>. The biggest reason why I like this website is because it provides <u>various services</u> such as e-mail, a search engine, news articles, shopping, and so on. Furthermore, the website is <u>intuitive</u> when it comes to using it. I mean, all I have to do is <u>type something in its search box</u>, and it <u>fetches useful results with just a few clicks</u>. The website is so <u>convenient and easy to use</u> that it has <u>the highest number of daily visitors</u> out of all Korean websites.

필수패턴 핵심 내용

제가 자주 방문하는 웹사이트는 네이버라고 불리는 한국의 웹 포털입니다. 이 웹사이트를 마음에 들어 하는 가장 큰 이유는 이메일과 검색 엔진, 뉴스 기사, 쇼핑 등과 같은 다양한 서비스를 제공하기 때문입니다. 게다가, 이 웹사이트는 그 이용 측면에 있어 직관적입니다. 제 말은, 검색창에 뭔가 입력하기만 하면, 불과 몇 번의 클릭만으로 유용한 결과물을 내놓습니다. 이 웹사이트는 이용하기 너무 편리하고 쉬워서 한국의 모든 웹사이트들 중에서 일일 방문객 숫자가 가장 높습니다.

어휘 various 다양한 furthermore 게다가, 더욱이 intuitive 직관적인 search box 검색창 fetch ~을 갖고 오다 useful 유용한 result 결과(물) daily visitor 일일 방문객 out of ~ 중에서

 송쌤의 5초 표현 특강

• when it comes to ~라는 측면에 있어, ~와 관련해서는
• all I have to do is 동사원형 ~하기만 하면 된다
• so A that B 너무 A해서 B하다
• have the highest number of ~의 숫자가 가장 높다

Q2

You will listen to the story twice.
Please summarize it as much as you can.
같은 이야기를 두 번 들려 드립니다. 가능한 한 많은 내용을 요약해 주세요.

 MP3 AT9_5

① We all believe that as technology improves, so too do our lives. While this is true in many ways, ② a recent study in the UK revealed that technology is also negatively impacting our minds. The study found that ③ people today, who have access to cutting-edge technology, have worse memories than people had previously. Some surprising statistics support this conclusion. Around two-thirds of UK residents ④ could not remember the birthdays of their family members. Additionally, ④ only a quarter of the residents could recall their own home phone numbers. Nowadays, it appears that technology is doing our thinking for us. As a result, ⑤ our minds are getting weaker.

① 우리 모두는 기술이 향상됨에 따라 우리의 삶도 그럴 것이라고 생각합니다. 이러한 점이 여러 면에서 사실이기는 하지만, ② 최근 영국에서 있었던 연구에 따르면 기술이 우리의 사고 능력에 부정적인 영향도 미치고 있는 것으로 나타났습니다. 이 연구는 ③ 첨단 기술을 이용할 수 있는 요즘 사람들이 과거의 사람들보다 기억력이 더 좋지 못하다는 점을 밝혀 냈습니다. 몇몇 놀라운 통계 자료가 이러한 결과를 뒷받침해 줍니다. 영국 주민의 약 3분의 2가 ④ 가족 구성원들의 생일을 기억할 수 없었습니다. 추가로, ④ 그 주민의 4분의 1만이 집 전화번호를 기억해 낼 수 있었습니다. 요즘은, 기술이 우리의 생각을 대신해 주고 있는 것 같습니다. 그 결과, ⑤ 우리의 사고 능력이 점점 더 약해지고 있습니다.

핵심내용
파악하기

❶ 기술이 발전함에 따라 우리의 삶도 발전한다고 믿음 ➡ ❷ 최근 연구는 기술발전의 부정적인 영향을 보여줌 ➡ ❸ 오늘날의 사람들의 기억력이 점점 나빠짐

➡ ❹ 사람들은 가족들의 생일과 집 전화번호를 기억 못함 ➡ ❺ 우리의 정신은 점점 약해지고 있음

어휘 improve 향상되다, 개선되다 while ~이기는 하지만, ~인 반면 in many ways 여러 면에서
recent 최근의 study 연구, 조사 negatively 부정적으로 impact ~에 영향을 미치다 mind 사고
능력, 생각, 마음 cutting-edge 첨단의 worse 더 좋지 못한 memories 기억(력) previously 과거
에, 이전에 statistics 통계 (자료) conclusion 결론 around 약, 대략 two-thirds 3분의 2 resident
주민 additionally 추가로, 게다가 quarter 4분의 1 recall ~을 기억해 내다 as a result 그 결과 get
weaker 점점 더 약해지다

50점+ 고득점 Paraphrasing

❶

지문
We all believe that as technology improves, so too do our lives. While this is true in many ways, a recent study in the UK revealed that technology is also negatively impacting our minds.

50+
Although our lives have improved greatly by technological advancement, it has affected our minds negatively as well.
비록 우리의 삶이 기술 발전을 통해 크게 향상되어 오기는 했지만, 우리의 사고 능력에 부정적으로 영향을 미치기도 했습니다.

❷

지문
The study found that people today, who have access to cutting-edge technology, have worse memories than people had previously.

50+
People who have access to technology have worse memories than those who did not in the past.
기술을 이용할 수 있는 사람들은 과거에 그러지 못했던 사람들보다 기억력이 더 좋지 못합니다.

❸

지문
Some surprising statistics support this conclusion. Around two-thirds of UK residents could not remember the birthdays of their family members. Additionally, only a quarter of the residents could recall their own home phone numbers.

50+
Two-thirds of UK residents don't remember the birthdays of their family members and a quarter of residents have a hard time remembering their own home phone numbers.
영국 주민의 3분의 2가 가족 구성원의 생일을 기억하지 못하며, 주민의 4분의 1은 집 전화번호를 기억하는 데 어려움을 겪습니다.

❹

지문
Our minds are getting weaker.

50+
This example proves that our minds are getting duller.
이 예시는 우리의 사고 능력이 점점 더 무뎌지고 있음을 증명하는 것입니다.

듣기 지문

① We all believe that as technology improves, so too do our lives. While this is true in many ways, ② a recent study in the UK revealed that technology is also negatively impacting our minds. The study found that ③ people today, who have access to cutting-edge technology, have worse memories than people had previously. Some surprising statistics support this conclusion. Around two-thirds of UK residents ④ could not remember the birthdays of their family members. Additionally, ④ only a quarter of the residents could recall their own home phone numbers. Nowadays, it appears that technology is doing our thinking for us. As a result, ⑤ our minds are getting weaker.

① 우리 모두는 기술이 향상됨에 따라 우리의 삶도 그럴 것이라고 생각합니다. 이러한 점이 여러 면에서 사실이기는 하지만, ② 최근 영국에서 있었던 연구에 따르면 기술이 우리의 사고 능력에 부정적인 영향도 미치고 있는 것으로 나타났습니다. 이 연구는 ③ 첨단 기술을 이용할 수 있는 요즘 사람들이 과거의 사람들보다 기억력이 더 좋지 못하다는 점을 밝혀 냈습니다. 몇몇 놀라운 통계 자료가 이러한 결과를 뒷받침해 줍니다. 영국 주민의 약 3분의 2가 ④ 가족 구성원들의 생일을 기억할 수 없었습니다. 추가로, ④ 그 주민의 4분의 1만이 집 전화번호를 기억해 낼 수 있었습니다. 요즘은, 기술이 우리의 생각을 대신해 주고 있는 것 같습니다. 그 결과, ⑤ 우리의 사고 능력이 점점 더 약해지고 있습니다.

모범 답변 35+

This article is about the negative aspects of **technology. According to the** article, **people have worse memories than before.** Some studies showed that around two-thirds of UK residents don't remember the birthdays of their family members. Plus, only a quarter of the residents could remember their home phone numbers. So, technology has a bad influence on people.

필수패턴

이 기사는 기술의 부정적인 측면에 관한 것입니다. 기사 내용에 따르면, 사람들은 이전보다 기억력이 더 좋지 못합니다. 몇몇 연구에 따르면 영국 주민의 약 3분의 2가 가족 구성원의 생일을 기억하지 못하는 것으로 나타났습니다. 게다가, 그 주민의 4분의 1만이 집 전화번호를 기억할 수 있었습니다. 따라서, 기술이 사람들에게 좋지 못한 영향을 미치고 있습니다.

어휘 negative 부정적인 aspect 측면, 양상 according to ~에 따르면 than before 이전보다, 과거보다
plus 게다가, 더욱이

> ### 송쌤의 5초 발음 특강
>
> - aspects [애-스펙트]
> - technology [테크날-러지]
>   ser 은 z 발음으로 진동을 내며 윗니와 아랫니가 부딪치며 소리를 냅니다.
> - access [액-쎄스]

모범 답변 50+

This passage talks about a negative aspect of **technological improvement**. Although **our lives have improved greatly through technological advancement**, it has affected **our minds** negatively as well. People who have access to technology have worse **memories** than those who **did not in the past**. For example, two-thirds of UK residents don't remember the birthdays of their family members and a quarter of residents have a hard time remembering their own home phone numbers. This example proves that our minds are getting duller.

필수패턴

이 이야기는 기술 향상의 부정적인 측면에 관해 말하고 있습니다. 비록 우리의 삶이 기술 발전을 통해 크게 향상되어 오기는 했지만, 우리의 사고 능력에 부정적으로 영향을 미치기도 했습니다. 기술을 이용할 수 있는 사람들은 과거에 그러지 못했던 사람들보다 기억력이 더 좋지 못합니다. 예를 들어, 영국 주민의 3분의 2가 가족 구성원의 생일을 기억하지 못하며, 주민의 4분의 1은 집 전화번호를 기억하는 데 어려움을 겪습니다. 이 예시는 우리의 사고 능력이 점점 더 무뎌지고 있음을 증명하는 것입니다.

고득점 추가 질문 및 답변 키워드 MP3 AT9_8

○ 질문   Tell me about the advantages and disadvantages of the advancement of technology.
기술 발전의 장점과 단점에 관해 이야기해 보세요.

○ 답변 키워드   One of the (dis)advantages of A would be ~. A의 장(단)점들 중 하나는 ~일 것입니다.
A makes it possible for people to 동사. A가 사람들이 ~하는 것을 가능하게 합니다.
A cause/lead people to 동사. A로 인해 사람이 ~하게 됩니다.
be too dependent on technology 기술에 너무 많이 의존하다

어휘 improvement 향상, 개선 through ~을 통해 advancement 발전, 진보 affect ~에 영향을 미치다 as well ~도, 또한 in the past 과거에

송쌤의 5초 표현 특강

• reveal that ~임을 나타내다, 드러내다
• have access to ~을 이용할 수 있다
• prove that ~임을 증명하다, 입증하다
• get duller 점점 더 무뎌지다

Q3 Instead of putting money into a savings account, today's generation invests in real estate, the stock market, and cryptocurrency. What could be the cause of this?

브레인 스토밍

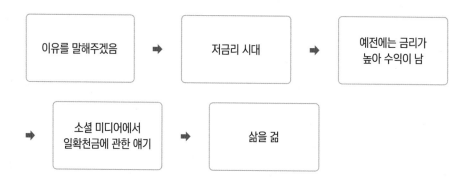

이유를 말해주겠음 ➡ 저금리 시대 ➡ 예전에는 금리가 높아 수익이 남

➡ 소셜 미디어에서 일확천금에 관한 얘기 ➡ 삶을 걺

MP3 AT9_10

모범 답변 35+

Yes, you're right, and I can give you some reasons why. First of all, the <u>interest rates are</u> very low these days. <u>In the past</u>, the rates were much higher, so people who saved their money in their savings accounts <u>could make money from the interest</u>. However, it is <u>no longer true</u>. Second, young generations <u>hear about jackpots from here and there</u> on social media. So, they <u>risk their life savings</u>.

필수패턴 핵심 내용

네, 맞습니다, 그리고 몇 가지 이유를 말씀 드릴 수 있습니다. 가장 먼저, 요즘은 이자율이 아주 낮습니다. 과거에는, 이자율이 훨씬 더 높았기 때문에 저축 계좌에 돈을 저축한 사람들이 이자로 돈을 벌 수 있었습니다. 하지만, 이는 더 이상 사실이 아닙니다. 두 번째로, 젊은 세대들이 소셜 미디어 여기저기서 일확천금에 관한 얘기를 듣습니다. 따라서, 목숨을 걸고 있습니다.

어휘 instead of ~ 대신 savings account 저축 계좌 invest in ~에 투자하다 stock market 주식 시장 cryptocurrency 암호 화폐, 가상 화폐 interest rates 이자율 make money 돈을 벌다 no longer 더 이상 ~ 않다 jackpot 일확천금, 큰 횡재

🔊 송쌤의 5초 발음 특강

• low [로-우]
L 이 단어 서두에 있을 때엔 혓바닥이 입천장에 닿으면 소리를 냅니다.
R 이 단어 서두에 있을 때엔 혓바닥이 입안 어디에도 닿지 않은 채로 입모양을 [오우]로 만들며 발음을 시작합니다.
L 과 R 발음에 반드시 유의하세요.

• cryptocurrency [크립토-커뤈씨]

저축 계좌에 돈을 넣어 두는 대신, 요즘 세대는 부동산과 주식 시장, 그리고 암호 화폐에 투자합니다. 무엇이 그 원인일 수 있을까요?

모범 답변 50+

With the historically low interest rates, today's generation has learned that it is illogical to put money into a savings account. Decades ago when interest rates were relatively high, older generations were more likely to put their money into savings accounts that could yield a substantial interest income and be safe at the same time. On the other hand, younger generations are now finding other riskier ways such as real estate, the stock market, or even cryptocurrency that can provide higher return on investment. Although financial instruments like stocks and cryptocurrencies are a lot riskier than holding cash in a bank account, people still tend to invest their money into these after hearing about life-changing jackpots on social media.

필수패턴 핵심 내용

역사적으로 낮은 이자율로 인해, 요즘 세대는 저축 계좌에 돈을 넣어 두는 것이 불합리하다는 것을 알게 되었습니다. 이자율이 상대적으로 높았던 수십 년 전에, 이전 세대들은 상당한 이자 수익을 발생시킴과 동시에 안전한 상태로 있을 수 있었던 저축 계좌에 돈을 넣어 둘 가능성이 더 컸습니다. 반면에, 요즘 젊은 세대들은 부동산이나 주식 시장, 또는 심지어 암호 화폐 같이 투자 대비 더 높은 수익을 제공해 줄 수 있는 더 위험한 다른 방법을 찾고 있습니다. 주식과 가상 화폐 같은 금융 수단이 은행 계좌에 현금을 보유하고 있는 것보다 훨씬 더 위험하기는 하지만, 그럼에도 불구하고 사람들은 소셜 미디어상에서 인생을 바꿀만한 일확천금에 관한 얘기를 듣고 이것들에 돈을 투자하는 경향이 있습니다.

고득점 추가 질문 및 답변 키워드

 MP3 AT9_12

○ 질문   Have you ever made any kind of investment?
어떤 종류의 투자든 해 본 적이 있나요?

○ 답변 키워드   I don't do anything risky. 저는 어떤 위험한 것도 하지 않습니다.
I do anything as long as I make some profits. 저는 수익을 내기만 한다면 무엇이든 합니다.
I don't want to risk my life. 저는 목숨을 걸고 싶지 않습니다.
I'm willing to take risks. 저는 위험을 감수할 의향이 있습니다.

어휘 historically 역사적으로   illogical 불합리한, 비논리적인   decade 10년   relatively 상대적으로, 비교적
yield ~을 발생시키다, 산출하다   financial instrument 금융 수단   life-changing 인생을 바꿀만한

송쌤의 5초 표현 특강

- put A into B   A를 B에 넣어 두다
- have a hard time 동사ing   ~하는 데 어려움을 겪다
- from here and there   여기저기서, 이곳 저곳에서
- learn that   ~임을 알게 되다
- tend to 동사원형   ~하는 경향이 있다

Q4

Which location do you think would be better to open a convenience store?

어느 장소가 편의점을 열기에 더 나을 것이라고 생각하나요?

브레인 스토밍

❶ 내 의견

오른쪽 그림

➡

❷ 이유 1

공원 편의점은
손님이 없을 수 있음

➡

❸ 이유 2

주거 지역은 사람들이
살고 있어서
항상 필수품 필요함

➡

❹ 이유 3/마무리

공원 편의점 보다
나은 수익 낼 것

❶ choose the picture on the right
choose the picture on the right where I can see many houses `50점+`

❷ open a convenience store in a park, there might not be enough customers
there are many factors that prevent people from visiting parks `50점+`

❸ always be more customers buying things from the store

❹ It would generate more profit than one at a park by securing
stable customers. `50점+`

MP3 AT9_14

**모범 답변
35+**

I'll choose the picture on the right for a few reasons. First of all, if we open a convenience store in a park, there might not be enough customers. On days when the weather is bad, people tend not to go to parks. Second, a residential area is a place where people live, so there will always be more customers buying things from the store.

필수패턴 핵심 내용

몇 가지 이유로 오른쪽 사진을 선택하겠습니다. 가장 먼저, 공원에 편의점을 연다면, 손님들이 충분하지 않을 지도 모릅니다. 날씨가 좋지 않은 날에는, 사람들이 공원에 가지 않는 경향이 있습니다. 두 번째로, 주거 지역은 사람들이 사는 곳이기 때문에, 매장에서 물품을 구입하는 손님들이 항상 더 많을 것입니다.

어휘 convenience store 편의점 tend (not) to do ~하는(하지 않는) 경향이 있다 residential area 주거 지역

MP3 AT9_15

**모범 답변
50+**

I'd choose the picture on the right where I can see many houses as the location of the convenience store for the following reasons. First of all, there are many factors that prevent people from visiting parks, such as a pandemic or bad weather. On the other hand, a residential area is where people live and personal necessities such as food will always be in demand. For these reasons, a residential area seems to be a more suitable location for opening a convenience store. It would generate more profit than one at a park by securing stable customers.

필수패턴 핵심 내용

저라면 다음과 같은 이유들로 인해 많은 주택들을 볼 수 있는 오른쪽 사진을 편의점 장소로 선택할 것 같습니다. 가장 먼저, 유행병 또는 좋지 못한 날씨 같이 사람들이 공원을 방문하는 것을 막는 여러 요인들이 있습니다. 반면에, 주거 지역은 사람들이 살고 있는 곳이며, 식품 같은 개인 필수품에 대한 수요가 항상 존재할 것입니다. 이러한 이유들로 인해, 주거 지역이 편의점을 열기에 더 적합한 장소인 것 같습니다. 안정적인 고객들을 확보함으로써 공원에 있는 편의점보다 더 많은 수익을 창출할 수 있을 것입니다.

어휘 following 다음의 pandemic (전세계적인) 유행병 necessity 필수품 in demand 수요가 있는 suitable 적합한, 어울리는 generate profit 수익을 창출하다

> 💡 송쌤의 5초 표현 특강
>
> • there might not be A A가 있지 않을 지도 모른다
> • prevent A from 동사ing A가 ~하는 것을 막다, ~하지 못하게 하다
> • seem to be A A인 것 같다, A인 것처럼 보이다

Actual Test 10

문제 구성

Q1
개인 질문

주제 선호하는 것 [현재]

질문 어떤 종류의 옷을 입기 좋아하는 지

난이도 ★ ★

송쌤의 답변 TIP 현재 시제에 유의하여 대답

Q2
지문 요약하기

주제 단순 요약

지문 내용 자원봉사가 주는 유익함

 ┗ 추가질문 학교가 자원봉사를 의무로 만들어야 한다고 생각하는 지

 50점+

난이도 ★ ★ ★

송쌤의 답변 TIP 지문에 주어진 사실들을 기억하여 나열하는 것이 포인트

Q3
의견을 묻는
질문

주제 환경

질문 환경 보호를 위해 화석 연료로 달리는 자동차가 당장 금지 되어야
 한다는 의견을 어떻게 생각하는 지

난이도 ★ ★ ★ ★

송쌤의 답변 TIP 환경 관련 어휘 및 표현을 익히는 것이 중요

Q4
그래프
묘사하기

주제 바 그래프

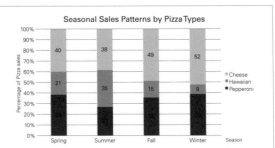

난이도 ★ ★ ★

송쌤의 답변 TIP 바 그래프의 이해 및 특징을 파악하여 대답

필수 패턴

- **be interested in A**

  A에 관심이 있습니다

  I'm not interested in fashion that much.

- **A help(s) 목적어 (to) 동사원형.**

  그것은 ~하는데 도움이 됩니다.

  It helps me to blend in at work.

▷▷ Q1

- **To begin with, I'd like to tell you that 주어 + 동사.**

  우선은, ~이 ~을 한다고 말하고 싶습니다.

  To begin with, I'd like to tell you that I'm not that picky about what to wear.

- **be fond of A**

  A를 좋아합니다

  I'm also fond of jeans because they go well with any kind of top.

- **주어 + 동사 in many ways.**

  ~이 여러 면에서 ~합니다.

  Volunteering benefits you in many ways.

▷▷ Q2

필수 패턴

- **A is good/bad for B.**
  A는 B에게 좋습니다/좋지 않습니다.

  Fossil fuels are bad for our environment.

- **It is not easy for A to 동사원형.**
  A가 ~하는 것이 쉽지 않습니다.

  It's not easy for people to find charging stations.

  ▸▸ Q3

- **주어 can(not) afford A.**
  (시간, 금전적으로) A에 대한 여유가 있습니다(없습니다).

  Not many people can afford them.

- **According to the graph, it is clear that 주어 + 동사.**
  그래프에 따르면, ~이 ~라는 것이 분명합니다.

  According to the graph, it is clear that cheese pizza is the most popular pizza type all throughout the year.

  ▸▸ Q4

- **A places first/second/last.**
  A가 첫번째/두번째/마지막을 차지합니다.

  In summer, Hawaiian pizza places second.

필수 패턴 적용해 보기

앞서 배운 필수 패턴을 활용하여 나만의 답변을 만들어 보세요.

- **be interested in A**

  _____

- **A help(s) 목적어 (to) 동사원형.**

  _____

- **To begin with, I'd like to tell you that 주어 + 동사.**

  _____

- **be fond of A**

  _____

- **주어 + 동사 in many ways.**

  _____

- **A is good/bad for B.**

  _____

- **It is not easy for A to 동사원형.**

  _____

- **주어 can(not) afford A.**

  _____

- **According to the graph, it is clear that 주어 + 동사.**

  _____

- **A places first/second/last.**

  _____

Q1 What kind of clothing do you like to wear?
어떤 종류의 옷을 입기를 좋아하나요?

브레인 스토밍

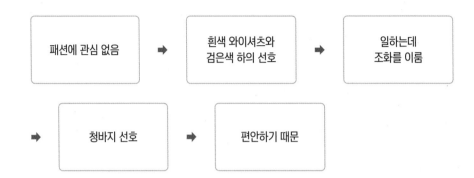

패션에 관심 없음 ➡ 흰색 와이셔츠와 검은색 하의 선호 ➡ 일하는데 조화를 이룸

➡ 청바지 선호 ➡ 편안하기 때문

MP3 AT10_2

모범 답변 35+

First of all, I'm <u>not interested in</u> fashion that much. So, <u>I don't actually care</u> about what to <u>wear</u>. However, if I have to <u>choose one kind of clothing</u>, I will choose <u>black pants with a white dress shirt</u>. That's because it helps me to <u>blend in at work</u>. I also like <u>jeans</u>, too. That's because they're <u>comfortable</u>.

필수패턴 <u>핵심 내용</u>

- -

가장 먼저, 저는 패션에 그렇게 관심이 많지 않습니다. 그래서, 사실 뭘 입든지 상관없습니다. 하지만, 한 가지 옷을 선택해야 한다면, 흰색 와이셔츠에 검은색 바지를 선택할 겁니다. 그게 직장에서 조화를 이루는 데 도움이 되기 때문입니다. 그리고 청바지도 좋아합니다. 그 이유는 편하기 때문입니다.

어휘 that much 그렇게 많이, 그 정도로 많이 care about ~에 대해 상관하다, 신경 쓰다 what to do 무엇을 ~ 할지 clothing 옷, 의류 blend in 조화를 이루다 at work 직장에서, 회사에서 comfortable 편한

송쌤의 5초 발음 특강

- clothing [클로우-딩]
혀가 윗니 안쪽에 닿으며 ㄷ 발음을 냅니다. 번데기 발음이 th 발음이 아님을 유의하세요.

- pants [팬-츠]
바지는 항상 s를 붙여 발음합니다.

- comfortable [컴-퍼러블]
강세에 유의합니다. Com-에 강세를 두어 발음합니다.

모범 답변 50+

Oh, okay. To begin with, I'd like to tell you that I'm not that picky about what to wear. I mean.. I personally think that I don't have any sense of fashion, and fashion has nothing to do with my work. However.. I do have preferences. I mean, I like to wear a white dress shirt with black pants. This fashion is considered very normal especially to people who work for a company like me. I guess people like me dress this way because they can blend in, and not stand out. I'm also fond of jeans because they go well with any kind of top, not to mention how comfortable they are.

필수패턴 **핵심 내용**

아, 네. 우선은, 저는 뭘 입든 그렇게 까다롭지 않다는 말씀을 드리고 싶습니다. 제 말은… 개인적으로 패션 감각이 전혀 없다고 생각하며, 패션은 제 일과 아무런 관련도 없습니다. 하지만… 분명 선호하는 것은 있습니다. 제 말은, 검은색 바지에 흰색 와이셔츠에 입는 것을 좋아합니다. 이 패션은 특히 저처럼 회사에서 일하는 사람들에게 아주 일반적인 것으로 여겨집니다. 저 같은 사람들이 이런 식으로 입는 이유가 튀어 보이는 것이 아니라 조화를 이룰 수 있기 때문이라고 생각합니다. 그리고 청바지도 좋아하는데, 얼마나 편한지는 말할 것도 없고, 어떤 종류의 상의와도 잘 어울리기 때문입니다.

어휘 to begin with 우선, 첫째로   sense of fashion 패션 감각   have nothing to do ~와 아무런 관련도 없다
preference 선호(하는 것)   normal 일반적인, 보통의, 정상적인   especially 특히   work for ~에서 일하다
dress 옷을 입다   this way 이런 식으로, 이런 방법으로   stand out 튀어 보이다, 눈에 띄다   be fond of ~을
좋아하다   go well with ~와 잘 어울리다   top 상의

송쌤의 5초 표현 특강

- be interested in   ~에 관심이 있다   개인 질문 답변에 유용한 표현!
- have to 동사원형   ~해야 하다
- be picky about   ~에 대해 까다롭다
- be considered A   A한 것으로 여겨지다
- not to mention   ~은 말할 것도 없이

Q2 You will listen to the story twice.
Please summarize it as much as you can.

같은 이야기를 두 번 들려 드립니다. 가능한 한 많은 내용을 요약해 주세요.

① Volunteering benefits your community, but it also benefits you, too. By volunteering, ② you will likely feel more fulfilled and happier. ③ You will also have numerous opportunities to meet different groups of people and start new friendships. At the same time, you can learn useful new skills. Volunteering will also make you feel like a contributing member of society, and ④ seeing how your contributions help people will grant you a sense of purpose and responsibility. Overall, ⑤ volunteering simply makes you a better person. You will be more grateful for what you have and more compassionate toward the needs of others. By helping others, you are also helping yourself.

① 자원봉사가 지역 사회에 유익하기는 하지만, 여러분에게 유익하기도 합니다. 자원봉사를 함으로써, ② 더 큰 성취감과 행복감을 느낄 가능성이 커집니다. ③ 또한, 여러 다른 그룹의 사람들을 만나 새로운 친목 관계를 시작할 수많은 기회도 생기게 됩니다. 동시에, 유용한 새로운 기술도 배울 수 있습니다. 자원봉사는 또한 사회에 공헌하는 일원처럼 느끼게 만들어 주기도 하며, ④ 그 공헌이 어떻게 사람들에게 도움이 되는지 보는 것은 목적 의식과 책임감을 제공해 줍니다. 전반적으로, ⑤ 자원봉사는 그야말로 더 나은 사람이 되도록 만들어 줍니다. 소유하고 있는 것에 대해 더욱 감사하게 되며, 다른 이들이 필요로 하는 것에 대해 더 크게 공감하게 됩니다. 다른 사람을 도우면서, 스스로를 돕는 것이기도 합니다.

핵심내용 파악하기

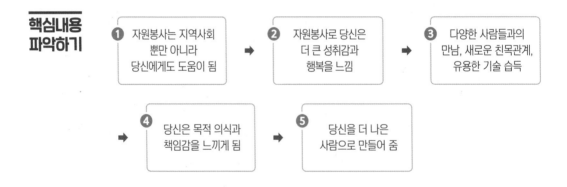

❶ 자원봉사는 지역사회 뿐만 아니라 당신에게도 도움이 됨 ➡ **❷** 자원봉사로 당신은 더 큰 성취감과 행복을 느낌 ➡ **❸** 다양한 사람들과의 만남, 새로운 친목관계, 유용한 기술 습득

➡ **❹** 당신은 목적 의식과 책임감을 느끼게 됨 ➡ **❺** 당신을 더 나은 사람으로 만들어 줌

어휘 volunteer 자원봉사를 하다 benefit ~에게 유익하다, 이득이 되다 likely 가능성 있는 numerous 수많은, 다수의 opportunity to 동사원형 ~할 수 있는 기회 contributing 공헌하는, 기여하는 contribution 공헌, 기여 a sense of purpose 목적 의식 responsibility 책임(지고 있는 일) overall 전반적으로 simply 그야말로 be grateful for ~에 대해 감사하다 compassionate toward ~에 대해 공감하는, 동정하는

50점+ 고득점 Paraphrasing

❶

| 지문 | By volunteering, you will likely feel more fulfilled and happier. |

50+ Volunteering will make you feel more satisfied and pleased.
자원봉사는 더욱 만족스럽고 즐겁게 만들어 줍니다.

❷

| 지문 | You will also have numerous opportunities to meet different groups of people and start new friendships. |

50+ It's a great opportunity to make new friends because you will get to meet different groups of people while volunteering.
새로운 친구를 사귈 수 잇는 아주 좋은 기회인데, 자원봉사를 하는 동안 여러 다른 그룹의 사람들을 만나게 되기 때문입니다.

❸

| 지문 | At the same time, you can learn useful new skills. |

50+ Moreover, by volunteering, you can learn new useful skills that can be utilized in your life.
더욱이, 자원봉사를 함으로써, 삶 속에 활용할 수 있는 새로운 유용한 기술도 배울 수 있습니다.

❹

| 지문 | Volunteering will also make you feel like a contributing member of society, and seeing how your contributions help people will grant you a sense of purpose and responsibility. |

50+ All the contributions you make while volunteering will give you motivation and a sense of responsibility.
자원봉사를 하는 동안 공헌하는 모든 일이 동기 부여 및 책임감을 제공해 줍니다.

❺

| 지문 | By helping others, you are also helping yourself. |

50+ After all, volunteering gives you a chance to help yourself while helping others.
결국, 자원봉사는 다른 사람들을 돕는 동안 스스로를 도울 기회를 제공해 주는 것입니다.

듣기 지문

① Volunteering benefits your community, but it also benefits you, too. By volunteering, ② you will likely feel more fulfilled and happier. ③ You will also have numerous opportunities to meet different groups of people and start new friendships. At the same time, you can learn useful new skills. Volunteering will also make you feel like a contributing member of society, and ④ seeing how your contributions help people will grant you a sense of purpose and responsibility. Overall, ⑤ volunteering simply makes you a better person. You will be more grateful for what you have and more compassionate toward the needs of others. By helping others, you are also helping yourself.

① 자원봉사가 지역 사회에 유익하기는 하지만, 여러분에게 유익하기도 합니다. 자원봉사를 함으로써, ② 더 큰 성취감과 행복감을 느낄 가능성이 커집니다. ③ 또한, 여러 다른 그룹의 사람들을 만나 새로운 친목 관계를 시작할 수많은 기회도 생기게 됩니다. 동시에, 유용한 새로운 기술도 배울 수 있습니다. 자원봉사는 또한 사회에 공헌하는 일원처럼 느끼게 만들어 주기도 하며, ④ 그 공헌이 어떻게 사람들에게 도움이 되는지 보는 것은 목적 의식과 책임감을 제공해 줍니다. 전반적으로, ⑤ 자원봉사는 그야말로 더 나은 사람이 되도록 만들어 줍니다. 소유하고 있는 것에 대해 더욱 감사하게 되며, 다른 이들이 필요로 하는 것에 대해 더 크게 공감하게 됩니다. 다른 사람을 도우면서, 스스로를 돕는 것이기도 합니다.

모범 답변 35+

This passage is about **volunteering**. According to the passage, **volunteering** benefits you in many ways. First of all, **you can have many** opportunities to meet many different people and start new friendships. Also, **you can learn new skills**. Plus, **you can feel that you are** making the society better. In conclusion, **volunteering** makes you become **a better person**.

필수패턴

이 이야기는 자원봉사에 관한 것입니다. 이야기 내용에 따르면, 자원봉사는 여러 면에서 유익합니다. 가장 먼저, 많은 다른 사람을 만나 새로운 친목 관계를 시작할 수 있는 많은 기회를 가질 수 있습니다. 또한, 새로운 기술도 배울 수 있습니다. 게다가, 사회를 더 좋게 만들고 있다는 느낌도 생길 수 있습니다. 결론적으로, 자원봉사는 더 나은 사람이 되도록 해 줍니다.

어휘 according to ~에 따르면 in many ways 여러 면에서 in conclusion 결론적으로

🔊 송쌤의 5초 발음 특강

- volunteering [발-런티어링]
  윗니가 아랫입술을 만날 때 진동 소리가 나오도록 v 발음을 연습해 주세요.
- utilize [유럴-라이즈]

모범 답변 50+

This passage talks about **the benefits of volunteering**. First of all, volunteering will make you feel more **satisfied and pleased**. Next, it's a great opportunity to **make new friends** because you will get to meet different groups of people while **volunteering**. Moreover, by volunteering, you can learn new useful skills that can be utilized in your life. Lastly, all the contributions you make while volunteering will give you motivation and a sense of responsibility. After all, volunteering gives you a chance to **help yourself** while **helping others**.

필수패턴

이 이야기는 자원봉사의 이점에 관해 말하고 있습니다. 가장 먼저, 자원봉사는 더욱 만족스럽고 즐겁게 만들어 줍니다. 다음으로, 새로운 친구를 사귈 수 있는 아주 좋은 기회인데, 자원봉사를 하는 동안 여러 다른 그룹의 사람들을 만나게 되기 때문입니다. 더욱이, 자원봉사를 함으로써, 삶 속에 활용할 수 있는 새로운 유용한 기술도 배울 수 있습니다. 마지막으로, 자원봉사를 하는 동안 공헌하는 모든 일이 동기 부여 및 책임감을 제공해 줍니다. 결국, 자원봉사는 다른 사람들을 돕는 동안 스스로를 도울 기회를 제공해 주는 것입니다.

고득점 추가 질문 및 답변 키워드

ㅇ 질문　　　Do you think schools should make volunteering mandatory?
학교가 자원봉사를 의무로 만들어야 한다고 생각하나요?

ㅇ 답변 키워드　Other than studying, learn how to cooperate/harmonize with other people
학업뿐만 아니라, 다른 사람들과 협업하는/조화를 이루는 방법을 배우다
can learn things that they can't learn in textbooks
교과서에서 배울 수 없는 것들을 배울 수 있다

어휘 benefit 이점, 혜택　satisfied 만족한　pleased 기쁜, 즐거운　get to do ~하게 되다　while ~하는 동안 moreover 더욱이, 게다가　utilize ~을 활용하다　motivation 동기 부여　after all 결국　chance to do ~할 기회

송쌤의 5초 표현 특강

- feel fulfilled　성취감을 느끼다
- make A 동사원형　A가 ~하게 해 주다, 만들다
- grant A B　A에게 B를 주다
- make A better　A를 더 좋게 만들다
- make a contribution　공헌하다, 기여하다

Q3 Some say that cars that run on fossil fuel must be banned immediately to protect our environment. What do you think?

**브레인
스토밍**

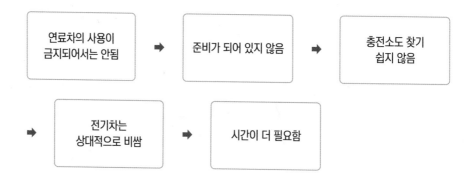

**모범 답변
35+**

I mean, I do agree that fossil fuels are bad for our environment, but I cannot agree that all cars running on fossil fuels should be banned. I mean, the biggest reason is we are not ready. First, it's not easy for people to find charging stations. Second, electric cars are relatively expensive. Not many people can afford them. So, we need more time.

필수패턴 핵심 내용

말하자면, 화석 연료가 우리 환경에 좋지 않다는 건 분명 동의하지만, 화석 연료로 달리는 모든 자동차가 금지되어야 한다는 건 동의할 수 없습니다. 그러니까, 가장 큰 이유는 우리가 아직 준비되지 않았기 때문입니다. 첫 번째로, 사람들이 충전소를 찾는 게 쉽지 않습니다. 두 번째로, 전기 자동차는 상대적으로 비쌉니다. 구입할 여유가 있는 사람이 많지 않습니다. 따라서, 우리는 시간이 더 필요합니다.

어휘 run on (연료 등) ~로 달리다 fossil fuel (석유, 석탄 등의) 화석 연료 charging station 충전소
relatively 상대적으로, 비교적

송쌤의 5초 발음 특강

• fossil fuel [파-쏠퓨얼-]
p 발음과 구분하여 연습해 주세요. P는 우리나라의 ㅍ 소리로 입술과 입술이 맞닿는 소리, f는 윗니가 아랫입술을 물어 공기소리가 나게 힘을 주어 발음합니다.
• electric [일렉-츄릭]
tr 은 자연스럽게 ㅊ 발음이 나도록 합니다.
• currently [커-뤈트리]

어떤 사람들은 우리 환경을 보호하기 위해 반드시 화석 연료로 달리는 자동차가 즉각적으로 금지되어야 한다고 말합니다. 어떻게 생각하나요?

 MP3 AT10_11

모범 답변 50+

Although I somewhat agree that the burning of fossil fuels is causing a global environmental issue, I <u>still cannot be so sure whether</u> the ban on fossil fuel cars must be <u>put into effect</u> immediately. Instead, the government should give both car manufacturers and consumers <u>enough time to</u> make a smooth transition to electric vehicles. Currently, <u>not a lot of charging stations are available</u> throughout the country, which could cause a lot of hassle for those who need to travel far distances. Also, <u>most electric vehicles are pricey</u> and there aren't many people who can purchase a new electric vehicle right away. For these reasons, we should <u>hold up on the ban on fossil fuel vehicles for now</u>.

필수패턴 <u>핵심 내용</u>

화석 연료 연소가 세계적인 환경 문제를 초래하고 있다는 데 다소 동의하기는 하지만, 그럼에도 불구하고 화석 연료 자동차에 대한 금지 조치가 반드시 즉각적으로 시행되어야 하는지는 그렇게 확신할 수 없습니다. 대신, 정부가 자동차 제조사와 소비자 모두에게 전기 자동차로 순조롭게 넘어갈 수 있도록 충분한 시간을 주어야 합니다. 전국 각지에 걸쳐 이용 가능한 충전소가 많지 않은 상태인데, 이는 먼 거리를 이동해야 하는 사람들에게 많은 번거로움을 유발할 수 있습니다. 또한, 대부분의 전기 자동차는 가격이 높기 때문에 당장 새 전기 자동차를 구입할 수 있는 사람이 많지 않습니다. 이러한 이유들로 인해, 우리는 현재로서는 화석 연료 자동차에 대한 금지 조치를 유보해야 합니다.

어휘 somewhat 다소, 어느 정도 cause ~을 초래하다, 유발하다 issue 문제, 사안 whether ~인지 (아닌지) ban ⑨ 금지 instead 대신 manufacturer 제조사 consumer 소비자 vehicle 자동차, 차량 currently 현재 available 이용 가능한 hassle 번거로움, 귀찮음 pricey 가격이 높은, 값비싼 purchase ~을 구입하다 right away 당장, 즉시 for now 현재로서는

송쌤의 5초 표현 특강

• it's not easy for A to 동사원형   A가 ~하는 것이 쉽지 않다
• can afford A   (시간, 금전적으로) A에 대한 여유가 있다
• be put into effect   시행되다
• make a smooth transition to   ~로 순조롭게 넘어가다, 전환되다
• throughout the country   전국 각지에서
• travel far distances   먼 거리를 이동하다
• hold up on   ~을 유보하다, 지연시키다

CHAPTER 4 Actual Test 10

Q4 Please describe the graph in as much detail as you can.
가능한 한 상세하게 그래프를 설명해 주세요.

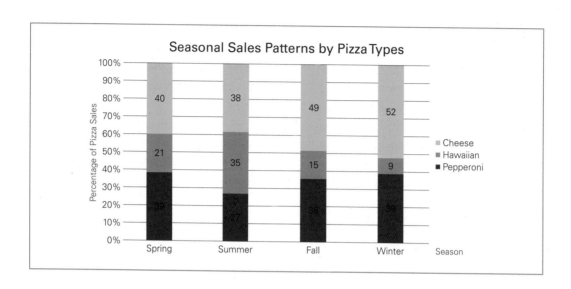

Seasonal Sales Patterns by Pizza Types

	Spring	Summer	Fall	Winter
Cheese	40	38	49	52
Hawaiian	21	35	15	9
Pepperoni	39	27	36	39

Percentage of Pizza Sales / Season

■ Cheese
■ Hawaiian
■ Pepperoni

브레인 스토밍

그래프 파악

종류 bar graph 바 그래프

그래프 제목 Seasonal Sales Patterns by Pizza Types
피자 유형에 따른 계절별 판매량 패턴

세로축 Percentage of Pizza Sales 피자 판매량 비율

가로축 Season 계절

특징 파악

가장 많이 팔린 피자 치즈 피자

가장 적게 팔린 피자 하와이안 피자

여름에는 하와이안 피자가 두번째로 많이 팔림

모범 답변 35+

This is a bar graph about **seasonal sales patterns by pizza types**. The vertical axis represents **the percentages, and** the horizontal axis represents **the seasons.** From the graph, **cheese pizza is the most popular type of pizza in every season** followed by **pepperoni.** However, **in summer, Hawaiian pizza places second.**

필수패턴

이 바 그래프는 피자 유형에 따른 계절별 판매량 패턴에 관한 것입니다. 세로축은 비율을 나타내며, 가로축은 계절을 나타냅니다. 이 그래프에서, 치즈 피자는 모든 계절에서 가장 인기 있는 유형의 피자이며, 페퍼로니가 그 뒤를 잇고 있습니다. 하지만, 여름에는, 하와이안 피자가 2위에 올라 있습니다.

> **어휘** in as much detail as you can 가능한 한 상세하게 sales 판매(량), 매출(액) percentage 비율, 백분율 bar graph 막대 그래프 vertical axis 세로축 represent ~을 나타내다 horizontal axis 가로축 the most popular 가장 인기 있는 followed by A A가 그 뒤를 잇다, 뒤따르다 place second 2위에 오르다, 2위를 차지하다

모범 답변 50+

This is a bar graph that shows **the seasonal sales patterns by different pizza types.** The vertical axis represents **the percentage of pizza sales, and** the horizontal axis represents **the 4 seasons.** According to the graph, it is clear that **cheese pizza is the most popular pizza type all throughout the year.** On the other hand, **Hawaiian pizza is the least popular** among **the three given pizza types,** except for **in summer when it replaces pepperoni in second place.**

필수패턴

이 바 그래프는 서로 다른 피자 유형에 따른 계절별 판매량 패턴을 보여 줍니다. 세로 축은 피자 판매량 비율을 나타내며, 가로 축은 네 가지 계절을 나타냅니다. 이 그래프에 따르면, 치즈 피자가 일년 내내 가장 인기 있는 피자 유형이라는 점이 분명합니다. 반면에, 하와이안 피자는 페퍼로니를 대신해 2위에 오른 여름을 제외하면, 주어진 세 가지 피자 유형들 사이에서 가장 인기 없는 피자입니다.

> **어휘** according to ~에 따르면 it is clear that ~라는 점이 분명하다 all throughout the year 일년 내내, 연중 the least popular 가장 인기 없는 among ~ 사이에서 except for ~을 제외하고 replace ~을 대신하다, 대체하다

MEMO

MEMO

MEMO

MEMO

SPA도
시원스쿨LAB이
만들면 다르다!

가장 쉽게 SPA 목표 달성! 이제 취업도, 승진도 문제 없습니다.

"
현대자동차 면접자 출신!
저.자.직.강

시원스쿨LAB SPA 대표 강사
송지원

전) 현대자동차 그룹사
영어회화/SPA 특강

" 시작이 중요한 SPA,
시원스쿨LAB과 함께 해야하는 이유 **"**

01 누구나 목표 점수를 쉽게 끝낼 수 있습니다.

파트별 핵심 전략으로 기초가 부족한 왕초
보도 학습이 가능, 원어민이 자주 사용하는
어휘&표현 패턴으로 고득점까지 보장!
수험자들이 가장 어려워하는 사회적 이슈
문제 완벽대비 전략까지!

02 쉽게 끝낼 수 있습니다.

SPA에 최적화된 필수 문법과 어순을 통해
단기 속성은 물론, 스피킹 전문가 송지원
선생님의 저자직강으로 가장 최신의 SPA
강의를 경험하세요.

03 한 번에 끝낼 수 있습니다.

최신 유형의 시험을 철저히 분석하여
실전과 가장 유사한 업계 최초 실전 모의고사로
완벽한 대비를 할 수 있어요.

35점부터 50점 이상 고득점까지 한 번에
시원스쿨 SPA 교재 라인업

한 권으로 끝내는 전략서

시원스쿨 SPA

현대 그룹사 SPA 사내 강사 출신의 저자가
공개하는 SPA 시험 노하우 공개

- 35+, 50+ 점수별 답변 제공
- 파트별 필수 패턴 제공
- 빈출 주제별 전략 제시

업계 최초 실전 모의고사 도서

시원스쿨
SPA 실전 모의고사

현대 그룹사 SPA 사내 강사 출신의 저자가
SPA 최신 기출 트렌드를 직접 분석

- 최신 트렌드 빈출 문제 구성
- 35+, 50+ 점수별 답변 제공
- 모의고사별 필수 패턴 제공

7일 완성

시원스쿨 SPA
현대·기아자동차그룹 입사·승진 대비

저자
직강

다 년간의 현장 강의를 통한
분석으로 스피킹 영역에서
숙련된 노하우를 가진
스피킹 전문 트레이너

현대그룹사 강사 출신!
기출 포인트를 바탕으로
차별화된 전략 제공

어렵고 복잡한 문장이 아닌
쉬운 표현과 패턴으로
모범답안 구성! 누구나
50점 이상 획득 가능

시원스쿨LAB(lab.siwonschool.com)에서 송지원선생님의 SPA 유료강의와
시원스쿨 SPA 7일 완성 패키지를 구매하실 수 있습니다.

시원스쿨 LAB